中国建筑业统计年鉴

CHINA STATISTICAL YEARBOOK ON CONSTRUCTION

国家统计局固定资产投资统计司 编

Compiled by the Department of Investment and Construction Statistics, National Bureau of Statistics

2022

中国统计出版社
China Statistics Press

图书在版编目（CIP）数据

中国建筑业统计年鉴．2022 / 国家统计局固定资产投资统计司编．-- 北京 ：中国统计出版社，2022.11
ISBN 978-7-5230-0002-1

Ⅰ．①中… Ⅱ．①国… Ⅲ．①建筑业－统计资料－中国－2022－年鉴 IV. ① F426.9-54

中国版本图书馆 CIP 数据核字 (2022) 第 206059 号

中国建筑业统计年鉴 2022

作　　者 / 国家统计局固定资产投资统计司
责任编辑 / 郭　栋
执行编辑 / 且淑芬
封面设计 / 李雪燕
版式设计 / 张　冰
出版发行 / 中国统计出版社有限公司
通信地址 / 北京市丰台区西三环南路甲 6 号　邮政编码 /100073
发行电话 / 邮购（010）63376909　书店（010）68783171
网　　址 / http://www.zgtjcbs.com/
印　　刷 / 河北鑫兆源印刷有限公司
经　　销 / 新华书店
开　　本 /890mm×1240mm　1/16
字　　数 /550 千字
印　　张 /18
版　　别 /2022 年 11 月第 1 版
版　　次 /2022 年 11 月第 1 次印刷
定　　价 /160.00 元

如有印装差错，由本社发行部调换。

《中国建筑业统计年鉴 2022》

说 明

《中国建筑业统计年鉴 2022》是一部全面反映中国建筑业发展情况的权威资料。本书收集了全国和各省、自治区、直辖市 2021 年度有关建筑业发展方面的统计数据。

《中国建筑业统计年鉴 2022》资料直接由 2021 年全国建筑业统计报表基层数据库加工形成。为保证本年鉴数据与历史数据的可比性，2021 年建筑业年鉴的范围是具有总承包或专业承包建筑业企业资质等级的所有独立核算的建筑业企业。

本年鉴资料分为五个部分：一、综合；二、按经济类型分组的建筑业企业；三、中央和地方建筑业企业；四、按资质等级分组的建筑业企业；五、各行业建筑业企业。每部分资料的编排，根据制度和实际工作要求，既有按经济类型的分组，又有按行业的分组。在各分组中又分别设置了反映建筑业总产值、各种用途的房屋建筑竣工面积、技术装备、实收资本、资产和负债、利润和税金等方面情况的表式。

使用本年鉴资料时请注意以下几点：

1. 本年鉴所涉及的全国性统计数据，均未包括香港、澳门特别行政区和台湾省数据。

2. 本年鉴资料各项相加不等于总计均由于四舍五入的缘故。

3. 本年鉴资料各表中的“空格”表示该项统计指标数据不是本表最小单位数、数据不详或无该项数据。

4. 本年鉴资料由国家统计局固定资产投资统计司编印并负责解释。

咨询电话：010-68782620, 010-68782615, 010-68783393

邮箱：tzjzc@gj.stats.cn

由于编辑时间比较仓促，本书难免存在一些不妥之处，欢迎广大读者批评指正。

目 录

一、综 合

二、按经济类型分组的建筑业企业

三、中央和地方建筑业企业

四、按资质等级分组的建筑业企业

五、各行业建筑业企业

一、综　合

1-1 历年建筑业企业概况

年 份	总 计	国有企业	集体企业	港澳台商投资企业	外商投资企业	其 他
企业单位数(个)						
2000	47518	9030	24756	635	319	12778
2005	58750	6007	8090	516	388	43749
2006	60166	5555	7051	479	370	46711
2007	62074	5319	6614	482	365	49294
2008	71095	5315	5843	474	363	59100
2009	70817	5009	5352	444	351	59661
2010	71863	4810	5026	416	331	61280
2011	72280	4642	4847	393	303	62095
2012	75280	4602	4640	385	295	65358
2013	78919	3847	3728	390	272	70682
2014	81141	3753	3589	369	261	73169
2015	80911	3603	3318	343	249	73398
2016	83017	3593	3154	326	222	75722
2017	88074	3453	2873	334	218	81196
2018	96544	3358	2546	266	203	90171
2019	103805	3309	2324	245	190	97737
2020	116722	3746	2180	235	183	110378
2021	128743	3920	1928	227	189	122479
从业人员(万人)						
2000	1994.3	635.6	887.5	8.2	4.4	458.6
2005	2699.9	480.0	361.6	8.6	10.8	1838.9
2006	2878.2	467.6	332.0	8.9	8.1	2061.6
2007	3133.7	470.1	317.0	9.8	11.4	2325.4
2008	3315.0	472.1	266.8	10.5	9.2	2556.4
2009	3672.6	518.9	246.8	10.9	10.2	2885.7
2010	4160.4	576.9	246.5	12.2	9.8	3315.1
2011	3852.5	444.9	220.4	11.3	9.9	3166.0
2012	4267.2	457.8	216.2	13.0	10.3	3570.0
2013	4528.4	387.7	187.1	16.5	10.1	3927.0
2014	4537.0	371.2	175.0	15.4	8.6	3966.7
2015	5093.7	417.6	169.0	17.9	9.2	4480.0
2016	5184.5	438.1	168.2	16.1	8.7	4553.4
2017	5529.6	428.4	158.7	19.0	7.7	4915.8
2018	5305.2	438.5	123.2	17.6	7.6	4718.4
2019	5427.1	406.1	115.1	14.3	6.8	4884.8
2020	5367.0	432.3	103.5	18.0	7.8	4805.4
2021	5282.4	459.6	90.2	14.7	7.2	4710.7
建筑业总产值(亿元)						
2000	12497.60	5053.79	4035.84	99.18	67.49	3241.30
2005	34552.10	8432.03	2815.20	172.54	249.03	22883.30
2006	41557.16	9218.56	2904.48	240.52	274.87	28918.73
2007	51043.71	10630.90	3153.65	281.95	396.32	36580.90
2008	62036.81	12231.66	3216.43	321.07	387.14	45880.52
2009	76807.74	15190.05	3281.75	334.59	415.17	57586.19
2010	96031.13	18148.59	3655.27	443.96	439.68	73343.64
2011	116463.32	20436.81	4306.49	612.68	658.17	90449.18
2012	137217.86	22930.19	4919.00	649.74	476.99	108241.94
2013	160366.06	20739.02	4524.68	621.96	607.72	133872.68
2014	176713.42	22069.45	4681.80	661.67	643.20	148657.29
2015	180757.47	21767.07	4364.40	693.34	606.24	153326.42
2016	193566.78	23849.02	4388.75	683.99	525.21	164119.81
2017	213943.56	26414.38	4317.92	799.36	547.30	181864.60
2018	225816.86	28273.22	3615.37	743.74	639.04	192545.49
2019	248443.27	30662.35	3690.94	750.80	593.89	212745.29
2020	263947.39	34882.17	3457.26	1211.48	962.32	223434.18
2021	293078.30	37629.35	3295.09	1295.66	958.96	249899.24

注：1.2000年数据为资质等级(旧资质)四级及四级以上建筑业企业数据，2005年及以后数据为所有具有施工总承包、专业承包资质等级的建筑业企业数据。不同口径数据不可比，以下各表同。

2.从业人员数为期末从业人员数。

1-2 各地区历年建筑业总产值

单位：万元

地　区	2015	2016	2017	2018	2019	2020	2021
全国总计	**1807574736**	**1935667774**	**2139435590**	**2258168595**	**2484432707**	**2639473929**	**2930783019**
北　京	84367296	88411905	97367136	109416788	119993611	129058668	139877361
天　津	44889031	48918102	42623475	37815074	40964960	43887908	46530456
河　北	52525685	55176920	56559607	57223851	58479651	59480899	64845993
山　西	29312627	33184739	35665732	40970544	46532791	51136434	56777141
内蒙古	11234710	12208089	11221932	10689875	10860592	11344414	12793753
辽　宁	54137623	39267133	36883257	36355968	35544459	38153214	40448993
吉　林	22163142	22835626	22183702	20254820	18631033	20057838	22462904
黑龙江	16803928	17166070	15600670	12170669	11813475	12063719	13284973
上　海	56524682	60461948	64264178	71127184	78124676	82770378	92359930
江　苏	247858134	257917605	279567105	309546945	330991812	352516381	382444947
浙　江	239805916	249893700	272358259	206709525	203902033	209386134	230109677
安　徽	56959353	60472899	68296702	79184845	85032583	93651164	105840381
福　建	76058135	85314477	99936479	114110210	131644186	141180100	158104314
江　西	46024920	51790284	61668126	68732092	79447970	86491592	97629465
山　东	93817165	100874251	114777540	119397848	142692855	149472993	164114832
河　南	80476477	88079865	100865825	112023953	127016795	131225641	141920673
湖　北	105928564	118623973	133907311	151757525	169796656	161361079	190315464
湖　南	66308249	73042164	84230021	96083829	108006192	118640283	132801650
广　东	88656844	96523073	113720455	138626552	166334126	184298437	213461217
广　西	29534213	34491858	42100723	44012477	54073065	58532426	66995927
海　南	2786308	3077648	3227630	3576140	3659800	3913714	4470940
重　庆	62569430	70358133	76056646	73445783	82229592	89749662	99430050
四　川	87682363	99596805	114003379	136680267	146681509	156126956	173511928
贵　州	19477443	23629517	29329581	33521903	37148892	40802409	45780350
云　南	32689286	38672163	47263584	53340624	61220899	67248237	73365895
西　藏	1069180	1112848	1479179	1799320	2203066	2947413	2707303
陕　西	47526147	53292345	62274691	70090938	78838885	85011279	91754544
甘　肃	18490185	19472432	18254227	18079549	19163534	20492848	22705025
青　海	4095059	4106249	4069313	4413167	4607240	5122427	5873258
宁　夏	5245276	5112543	5492109	5669912	6014078	6418104	6815991
新　疆	22557365	22582411	24187018	21340421	22781691	26931181	31247689

1-3　各地区历年建筑业企业利税总额

单位：万元

地　区	2015	2016	2017	2018	2019	2020	2021
全国总计	**121246415**	**129634961**	**138590949**	**154776743**	**154426453**	**154165698**	**155231785**
北　京	7349600	8917102	9432255	6871704	10475244	12818844	11933904
天　津	2799689	1893774	1425399	1501602	1662050	1452729	1725625
河　北	3168841	3154539	3117008	2964910	2865264	2719719	2496641
山　西	1791482	1875183	1912882	1994810	2115933	2474863	2826180
内蒙古	876431	1041437	947423	943683	751453	631424	618896
辽　宁	3555861	2457749	2066967	2390085	1953583	1712790	1376991
吉　林	1699015	1706209	1605989	1836173	1546686	1380722	1270719
黑龙江	1009930	1033061	864225	773625	867760	647162	587481
上　海	3850587	3979520	3766924	4011440	4026593	3788312	3647016
江　苏	17412582	18152927	19879894	22842235	22816044	23562656	24143897
浙　江	11860231	12251854	12862771	10261230	9774559	9327649	9706056
安　徽	3605796	3920993	4097385	5034891	4379597	4583433	4828732
福　建	5239494	5617680	6880843	8195276	8050251	8050868	8476109
江　西	3243655	3694775	3849524	4560910	4550761	4513564	4597875
山　东	6965335	7255596	8018715	7713996	7883886	7497037	8494401
河　南	6076899	8323331	8769455	10411834	10724505	9990385	9549885
湖　北	8581829	8723892	9125371	13276337	12480785	10386379	11189396
湖　南	4546480	5029670	5479262	7076268	7186053	7114647	7545365
广　东	6825711	7225411	8364654	9835724	10357153	10103114	9312312
广　西	1480038	1674973	1795576	2215979	2352380	1986548	2389320
海　南	209769	251251	254367	360368	384026	337784	390619
重　庆	5046994	5556924	5938185	5717873	5601269	5686040	5804665
四　川	4773725	5308407	5973766	9529940	7990039	9135598	9272854
贵　州	1048181	1240056	1873186	2250700	1917629	2305400	1400728
云　南	2192726	2675437	3223259	4318247	4432133	4361717	3401690
西　藏	117347	151126	257758	313456	391701	297124	172617
陕　西	2857946	3219250	3421425	4414215	3775540	4240870	4641858
甘　肃	1223100	1282825	1290936	1230746	1420841	1206495	1457284
青　海	266768	302159	249170	292192	202118	223484	292139
宁　夏	370798	415244	399642	350498	336279	349194	346213
新　疆	1199575	1302610	1446735	1285799	1154341	1279145	1334321

1-4 各地区历年建筑业企业利润总额

单位：万元

地区	2015	2016	2017	2018	2019	2020	2021
全国总计	**64512325**	**69860467**	**74917778**	**79748233**	**82795465**	**84477398**	**84708145**
北京	4793765	6753169	7413574	4887684	8043695	10302116	9508708
天津	1594082	975834	716017	861269	987415	663640	880026
河北	1556748	1546509	1625368	1393414	1439282	1301107	985962
山西	938078	972077	1011316	961049	1001458	1192641	1492859
内蒙古	466159	606330	522326	429093	322112	228477	195271
辽宁	1687885	1211374	1076331	1089840	819154	623826	361475
吉林	969580	911451	897599	883404	804305	662961	534037
黑龙江	465291	512383	375135	233972	435594	188613	104581
上海	1944607	2177425	2130971	2266242	2421887	2190375	2159670
江苏	9853946	9926289	10602583	11617738	12299501	13255785	13889940
浙江	5508776	5737787	6277004	4943850	4628135	4329014	4478568
安徽	1868732	2036222	2120874	2548747	2322388	2449212	2608377
福建	2631144	2794527	3381660	3864745	3880813	4180952	4471544
江西	1628910	1868010	1979296	2279996	2320490	2378129	2485013
山东	4071327	4152766	4654021	4030204	4124815	3940237	4521939
河南	3374644	4385270	4739890	5360191	5887350	5448701	5384153
湖北	4726061	4757195	5151008	7339060	6723995	5905623	6195778
湖南	2163387	2303014	2467631	3175943	3245394	3346685	3606568
广东	3848750	4182841	4610876	5409873	5702691	5416161	4535018
广西	543178	677543	757487	891299	1026862	872224	1213246
海南	114026	121232	124545	149536	160204	140693	192527
重庆	3069254	3265730	3401191	2954295	3030888	3100997	3001951
四川	2214991	2664357	2790624	4841238	4002014	4980760	5358151
贵州	456094	601084	1010509	1218511	1056063	1349621	615719
云南	1235338	1470239	1631372	2374615	2547588	2320748	1810207
西藏	78414	115781	201138	216490	298300	185066	90289
陕西	1286412	1634188	1709967	2207152	1876936	2217443	2579853
甘肃	621023	643716	609139	551497	709078	529579	580552
青海	141696	155138	108203	109487	71367	108698	155003
宁夏	178708	199499	203533	152959	151945	132245	127734
新疆	481322	501491	616592	504840	453747	535072	583430

1–5　按经济类型划分的建筑业企业主要经济指标

指　　标		合计	内资企业	#国有	#集体
企业个数	(个)	128743	128327	3920	1928
从业人员	(万人)	5282	5260	460	90
自有固定资产原价	(亿元)	21942	21780	3376	270
自有施工机械设备总台数	(万台)	739	738	59	20
自有施工机械设备净值	(亿元)	4564	4558	589	65
自有施工机械设备总功率	(万千瓦)	22921	22875	2871	331
建筑业总产值	(亿元)	293078	290824	37629	3295
房屋施工面积	(万平方米)	1575464	1557903	170278	22314
房屋竣工面积	(万平方米)	408028	404003	28636	8065
利润总额	(亿元)	8471	8398	1046	92
税金总额	(亿元)	7052	6997	713	144
按总产值计算劳动生产率	(元/人)	473170	472195	645276	341745
技术装备率	(元/人)	8639.1	8664.2	12819.5	7176.9
动力装备率	(千瓦/人)	4.3	4.3	6.2	3.7
房屋竣工率	(%)	25.9	25.9	16.8	36.1
产值利润率	(%)	2.9	2.9	2.8	2.8
产值利税率	(%)	5.3	5.3	4.7	7.2

1–5续表

指　　标		港澳台商投资企业	#港澳台商独资企业	外商投资企　业	#外　商独资企业
企业个数	(个)	227	69	189	87
从业人员	(万人)	15	3	7	4
自有固定资产原价	(亿元)	67	20	94	24
自有施工机械设备总台数	(万台)	1	0	1	0
自有施工机械设备净值	(亿元)	3	0	3	0
自有施工机械设备总功率	(万千瓦)	26	3	20	3
建筑业总产值	(亿元)	1296	170	959	465
房屋施工面积	(万平方米)	11194	640	6366	5544
房屋竣工面积	(万平方米)	2921	110	1104	942
利润总额	(亿元)	64	11	9	28
税金总额	(亿元)	26	4	29	17
按总产值计算劳动生产率	(元/人)	607234	509162	704310	897988
技术装备率	(元/人)	1874.9	1070.6	4115.9	382.6
动力装备率	(千瓦/人)	1.8	1.1	2.7	0.8
房屋竣工率	(%)	26.1	17.2	17.3	17.0
产值利润率	(%)	4.9	6.6	1.0	6.1
产值利税率	(%)	7.0	9.2	4.0	9.6

1-6 建筑业企业主要经济指标完成情况

指　　标	计量单位	2021年	2020年	2021年比2020年增减(%)
建筑业企业个数	个	128743	116722	10.3
#大型企业	个	3166	2916	8.6
中型企业	个	30886	29595	4.4
小微型企业	个	94691	84211	12.4
从事建筑业活动的平均人数	万人	6194	6241	-0.8
签订合同额	亿元	656886	595538	10.3
#本年新签合同额	亿元	344559	325136	6.0
建筑业总产值	亿元	293078	263947	11.0
建筑工程产值	亿元	259204	232717	11.4
安装工程产值	亿元	24478	22080	10.9
其他产值	亿元	9396	9149	2.7
竣工产值	亿元	134523	122156	10.1
房屋施工面积	万平方米	1575464	1494754	5.4
房屋竣工面积	万平方米	408028	384822	6.0
年末自有施工机械设备净值	亿元	4564	5249	-13.1
年末自有施工机械设备总功率	万千瓦	22921	27322	-16.1
实收资本	亿元	44593	43000	3.7
资产总计	亿元	311296	283033	10.0
#流动资产	亿元	244435	221696	10.3
负债合计	亿元	220767	197935	11.5
营业收入	亿元	267896	244864	9.4
#大型企业	亿元	156258	139293	12.2
中型企业	亿元	84797	81617	3.9
小微型企业	亿元	26840	23954	12.0
利润总额	亿元	8471	8448	0.3
#大型企业	亿元	5049	4927	2.5
中型企业	亿元	2687	2828	-5.0
小微型企业	亿元	735	693	6.1
税金总额	亿元	7052	6969	1.2
按建筑业总产值计算的劳动生产率	元/人	473170	422898	
技术装备率	元/人	8639	9781	
动力装备率	千瓦/人	4.3	5.1	
人均利税	元/人	25062	25045	
房屋竣工率	%	25.9	25.7	
资产负债率	%	70.9	69.9	
产值利润率	%	2.9	3.2	
产值利税率	%	5.3	5.8	

1–7　各地区建筑业企业签订合同情况

单位：万元

地　区	签订合同额	上年结转合同额	本年新签合同额
全国总计	**6568864943**	**3123272992**	**3445591951**
北　京	427569206	233477341	194091866
天　津	141016515	67112308	73904206
河　北	162506624	77496025	85010600
山　西	133279560	56409633	76869927
内蒙古	42059400	24147263	17912137
辽　宁	82370097	32672609	49697489
吉　林	43188920	18090083	25098837
黑龙江	29839461	14031715	15807746
上　海	326447558	178279080	148168478
江　苏	614428153	268331747	346096406
浙　江	466135061	237000704	229134357
安　徽	226376423	93149380	133227043
福　建	295144465	138176817	156967648
江　西	151749444	57185991	94563453
山　东	345171629	143545121	201626508
河　南	297062015	125410688	171651328
湖　北	489090911	233877699	255213213
湖　南	297440267	150672108	146768159
广　东	602677065	306181087	296495979
广　西	136591147	71048423	65542724
海　南	12036450	6940232	5096218
重　庆	175685109	74587699	101097410
四　川	435063648	222898089	212165560
贵　州	120772485	67393025	53379460
云　南	138571898	58555529	80016368
西　藏	5526721	3090269	2436452
陕　西	218415795	94129838	124285957
甘　肃	52431100	24497199	27933902
青　海	17836593	9529520	8307074
宁　夏	12001355	3979874	8021481
新　疆	70379868	31375899	39003969

1–8 各地区建筑业企业承包工程完成情况

单位：万元

地区	直接从建设单位承揽工程完成的产值	自行完成施工产值	分包出去工程的产值	从建设单位以外承揽工程完成的产值
全国总计	**2859601885**	**2736150357**	**123451527**	**194632661**
北京	142501859	115217224	27284635	24660137
天津	48806185	41248892	7557293	5281564
河北	62621495	61653611	967884	3192381
山西	55899376	53551275	2348101	3225866
内蒙古	12722194	12671178	51016	122575
辽宁	39014630	37820104	1194526	2628889
吉林	20724288	20530114	194174	1932790
黑龙江	13401061	13109237	291824	175736
上海	97862207	77863972	19998235	14495957
江苏	357662044	355676712	1985333	26768235
浙江	224736810	218900663	5836148	11209014
安徽	99535564	98195949	1339615	7644432
福建	152035606	151619578	416028	6484737
江西	94199311	93021147	1178165	4608319
山东	163615534	155247709	8367825	8867123
河南	138839261	137334078	1505183	4586596
湖北	185460202	183771237	1688964	6544226
湖南	128787053	127704705	1082348	5096945
广东	215653753	194672302	20981451	18788915
广西	65109151	63452789	1656362	3543138
海南	4451623	4408626	42996	62313
重庆	95439632	93333912	2105720	6096138
四川	172530204	164125818	8404385	9386110
贵州	45154430	44945081	209349	835270
云南	69547289	68998857	548432	4367038
西藏	2663134	2623768	39366	83535
陕西	83460211	79564351	3895860	12190193
甘肃	23969318	22407795	1561523	297230
青海	5810705	5683095	127610	190163
宁夏	6865794	6725154	140639	90836
新疆	30521962	30071426	450536	1176263

1-9　各地区建筑业总产值和竣工产值

单位：万元

地　区	建筑业总产值	#装饰装修产值	#在外省完成的产值
全国总计	**2930783019**	**124123865**	**1007112507**
北　京	139877361	12515116	103698964
天　津	46530456	757215	30712087
河　北	64845993	2103115	23042719
山　西	56777141	1411690	19127795
内蒙古	12793753	249878	4072392
辽　宁	40448993	1393083	13895167
吉　林	22462904	558707	3809715
黑龙江	13284973	230542	2612559
上　海	92359930	8265070	55070520
江　苏	382444947	20284134	169592210
浙　江	230109677	14804879	67833980
安　徽	105840381	2460031	27445746
福　建	158104314	4809363	74763169
江　西	97629465	3656397	30577752
山　东	164114832	7377702	36239844
河　南	141920673	4344664	32226982
湖　北	190315464	5986915	79929623
湖　南	132801650	3987522	45253818
广　东	213461217	14469076	49749917
广　西	66995927	1598497	11435197
海　南	4470940	151195	278970
重　庆	99430050	3538435	23456575
四　川	173511928	4120130	36321699
贵　州	45780350	740546	14130890
云　南	73365895	1147160	5285921
西　藏	2707303	25027	126342
陕　西	91754544	2284342	34566852
甘　肃	22705025	381577	3634991
青　海	5873258	44890	2625903
宁　夏	6815991	50660	942698
新　疆	31247689	376306	4651515

1-9续表　　　　单位：万元

地　区	按构成分组			竣工产值
	建筑工程产值	安装工程产值	其他产值	
全国总计	**2592040866**	**244777395**	**93964757**	**1345232296**
北　京	131792626	7123793	960942	61618383
天　津	41093526	4207590	1229339	15187870
河　北	52431418	8195373	4219201	28015092
山　西	49116012	5843176	1817953	18978072
内蒙古	11503035	688864	601854	4472106
辽　宁	33080482	5672158	1696353	15233259
吉　林	19186456	2405181	871267	11247881
黑龙江	10738762	1876340	669871	4585675
上　海	79148738	11227206	1983986	50987917
江　苏	355866031	23645749	2933167	270637309
浙　江	204002162	20922100	5185414	120902802
安　徽	89787579	7862917	8189885	38531709
福　建	146413482	9534071	2156761	65250281
江　西	84907290	7016157	5706019	42172452
山　东	136379337	22544525	5190970	69352354
河　南	123480298	13028112	5412264	61541263
湖　北	168537308	16256763	5521392	81157427
湖　南	113022130	11643145	8136375	68028351
广　东	189407826	17457087	6596305	67884917
广　西	58242472	4584349	4169106	31788051
海　南	3870562	404230	196147	2215763
重　庆	90046417	6476725	2906908	41216193
四　川	151727259	14109698	7674971	75737268
贵　州	39166410	4257266	2356674	14620565
云　南	66655951	4479905	2230039	25939922
西　藏	2605925	50844	50534	907514
陕　西	80949566	7407777	3397201	29882287
甘　肃	19562376	2372581	770068	8881450
青　海	5278945	470113	124200	1822110
宁　夏	5806986	836128	172877	3871116
新　疆	28233501	2177473	836715	12564939

1-10　各地区建筑业企业房屋建筑面积

地　区	房屋施工面积（万平方米）	#本年新开工	房屋竣工面积（万平方米）	房屋竣工率（%）
全国总计	**1575464**	**492107**	**408028**	**25.9**
北　京	91155	20361	13255	14.5
天　津	18023	4580	2190	12.2
河　北	35549	10415	8212	23.1
山　西	23317	7844	5048	21.6
内蒙古	7498	2296	1321	17.6
辽　宁	18130	5456	3459	19.1
吉　林	8737	3951	3006	34.4
黑龙江	3754	1837	787	21.0
上　海	54803	13722	9232	16.8
江　苏	273428	83534	74993	27.4
浙　江	181956	52005	43302	23.8
安　徽	53887	17580	14007	26.0
福　建	87172	26133	19183	22.0
江　西	35526	15796	14475	40.7
山　东	95012	32572	24018	25.3
河　南	67394	22669	18989	28.2
湖　北	94016	33711	33113	35.2
湖　南	76368	26085	24029	31.5
广　东	105978	30525	24526	23.1
广　西	29484	7491	8597	29.2
海　南	1700	338	476	28.0
重　庆	37895	13251	13932	36.8
四　川	72352	25054	23251	32.1
贵　州	17892	5345	4036	22.6
云　南	18751	7065	6649	35.5
西　藏	426	132	196	46.2
陕　西	36562	10752	7165	19.6
甘　肃	12419	3757	2341	18.9
青　海	936	277	277	29.6
宁　夏	1990	1129	840	42.2
新　疆	13356	6445	3125	23.4

1-11 各地区按主要用途分的建筑业企业房屋竣工面积

单位：万平方米

地区	总计	住宅房屋	商业及服务用房屋	商厦房屋(批发和零售用房)	宾馆用房屋(住宿用房)	餐饮用房屋(餐饮用房)
全国总计	**408028**	**270382**	**25260**	**9128**	**2265**	**561**
北京	13254	9347	1062	629	103	15
天津	2190	1328	133	39	11	1
河北	8212	5781	325	87	44	1
山西	5048	3339	291	111	20	3
内蒙古	1321	1073	36	4	12	0
辽宁	3459	2588	159	57	14	1
吉林	3006	2172	89	9	3	1
黑龙江	787	536	22	4	0	0
上海	9232	4967	914	509	127	14
江苏	74993	54570	2322	738	466	100
浙江	43302	23293	3094	1014	286	150
安徽	14007	8647	796	330	32	8
福建	19183	13504	1492	616	38	5
江西	14475	8801	969	375	64	22
山东	24018	15816	1330	541	77	18
河南	18989	13845	1269	283	154	30
湖北	33113	20377	3023	1499	79	18
湖南	24029	16144	1897	661	206	23
广东	24526	16056	1038	268	157	6
广西	8597	5052	604	174	42	13
海南	476	362	22	12	0	0
重庆	13932	10224	876	236	34	12
四川	23251	16533	1760	456	120	83
贵州	4036	2663	302	60	63	7
云南	6649	4353	485	176	22	11
西藏	196	120	30	1	2	0
陕西	7165	4803	522	165	47	5
甘肃	2341	1637	102	23	10	6
青海	277	199	14	0	1	0
宁夏	840	438	55	13	14	1
新疆	3125	1814	227	36	17	5

1-11 续表1　　　　单位：万平方米

地　区	商务会展用房屋	其他商业及服务用房屋(居民服务业用房)	办公用房屋	科研、教育和医疗用房屋	科学研究用房屋	教育用房屋
全国总计	**1908**	**11399**	**16654**	**20902**	**1964**	**13621**
北　京	37	277	733	720	113	463
天　津	4	77	32	166	5	116
河　北	5	189	315	529	60	346
山　西	3	154	166	378	62	228
内蒙古	0	20	24	74	2	59
辽　宁	4	82	81	128	3	92
吉　林	17	60	78	110		91
黑龙江	0	18	14	63	0	34
上　海	96	168	595	719	85	393
江　苏	548	469	2392	2694	188	1836
浙　江	230	1414	1915	1737	282	1053
安　徽	15	411	496	712	23	541
福　建	65	768	707	690	40	486
江　西	20	487	947	687	28	517
山　东	285	409	1586	1567	448	845
河　南	75	727	788	1074	26	842
湖　北	163	1264	1206	1684	184	839
湖　南	46	961	1108	1608	64	1210
广　东	38	568	713	1399	79	791
广　西	23	351	430	966	99	656
海　南	0	11	22	53	2	34
重　庆	8	587	442	319	8	215
四　川	116	986	715	1133	92	748
贵　州	13	160	186	321	11	228
云　南	25	251	335	453	21	289
西　藏	1	26	18	10	1	7
陕　西	43	261	310	474	31	356
甘　肃	11	53	128	140	2	96
青　海	0	13	17	18	1	15
宁　夏	0	27	14	49	2	40
新　疆	17	152	139	227	2	152

1-11 续表2

单位：万平方米

地　区	医疗用房屋(卫生医疗用房)	文化、体育和娱乐用房屋	厂房及建筑物	#厂房	仓　库	其他未列明的房屋建筑物
全国总计	**5317**	**4120**	**56397**	**37802**	**2760**	**11554**
北　京	144	226	673	600	82	411
天　津	45	23	372	285	35	101
河　北	123	67	969	704	44	183
山　西	88	31	610	459	38	194
内蒙古	14	35	51	31	5	22
辽　宁	32	10	433	195	7	53
吉　林	18	55	328	247	58	116
黑龙江	29	12	90	58	8	42
上　海	241	322	1270	753	262	182
江　苏	670	706	10864	7796	452	993
浙　江	402	409	11232	8026	534	1090
安　徽	147	97	2706	1583	64	488
福　建	164	67	2386	1171	73	263
江　西	143	154	2338	1358	103	477
山　东	274	157	2983	1963	121	459
河　南	206	201	1223	652	135	455
湖　北	660	318	5365	4189	105	1036
湖　南	334	245	2284	1516	121	621
广　东	529	191	3794	2305	130	1205
广　西	211	148	897	550	82	417
海　南	17	5	7	3	0	6
重　庆	96	46	1417	862	49	559
四　川	292	227	1990	1039	113	778
贵　州	81	24	283	211	32	225
云　南	143	77	537	344	22	387
西　藏	2	1	4	3	6	7
陕　西	86	117	646	478	22	271
甘　肃	42	80	117	67	8	129
青　海	2	4	3	1	1	20
宁　夏	7	16	184	165	4	80
新　疆	73	48	342	187	44	285

1-12　各地区按主要用途分的建筑业企业房屋竣工价值

单位：万元

地　区	总计	住宅房屋	商业及服务用房屋	商厦房屋(批发和零售用房)	宾馆用房屋(住宿用房)	餐饮用房屋(餐饮用房)
全国总计	**794145698**	**505197784**	**54811692**	**20748508**	**5229571**	**1265727**
北　京	36646081	21393237	3372511	1550974	438473	54679
天　津	4562991	2459659	248335	84946	29408	1747
河　北	17062535	12310773	744860	176434	174724	1904
山　西	10040303	5951816	629206	152600	81358	6964
内蒙古	2334344	1753533	70683	8910	11369	12
辽　宁	5864417	4382949	227878	40614	37500	3887
吉　林	4970453	3461360	172017	17475	5349	837
黑龙江	1298148	766088	30511	4454	730	284
上　海	27484532	12682237	2928286	1582930	384854	36893
江　苏	166345514	119506836	5867249	1701229	1169977	257928
浙　江	84234058	47223765	6902001	2257077	613168	310082
安　徽	21425370	13019341	1280444	498411	40331	10392
福　建	39462007	28370834	3032974	1522529	166668	7467
江　西	24687642	14405461	1535157	636427	74501	66622
山　东	44780350	27305452	2763226	1090088	158702	43407
河　南	30280057	20802045	2735424	1478783	206861	49924
湖　北	52252693	28153415	6064100	3482022	154547	24632
湖　南	42801720	27082212	3391499	1381848	301286	47296
广　东	42442498	27127150	2351028	446915	491109	12882
广　西	17300255	9616260	1129992	374191	73164	31804
海　南	1426502	1124231	56071	25819	20	350
重　庆	22889679	16077871	1886398	495341	60449	19420
四　川	43535362	29938629	3463087	734163	205876	196726
贵　州	8530507	5322001	625453	117963	122168	15827
云　南	12585004	8161978	898467	349117	41585	21517
西　藏	429512	278048	46686	2867	4816	655
陕　西	15549215	8535442	1518056	387463	106196	21229
甘　肃	5108325	3833422	178560	42643	11827	7833
青　海	625527	409793	45337	997	3104	1165
宁　夏	1866133	934938	109389	26756	27764	899
新　疆	5323967	2807008	506809	76522	31689	10465

1-12 续表1　　　　单位：万元

地　区	商务会展用房屋	其他商业及服务用房屋(居民服务业用房)	办公用房屋	科研、教育和医疗用房屋	科学研究用房屋	教育用房屋
全国总计	**5073504**	**22494382**	**38356446**	**54779584**	**5026102**	**35743971**
北　京	317568	1010817	3289673	2761340	481937	1628829
天　津	7344	124890	78082	643136	10263	449756
河　北	27189	364610	484019	1240432	96851	822294
山　西	3891	384392	432593	1148063	236345	645766
内蒙古	11	50382	47723	184539	7502	144508
辽　宁	9935	135941	155797	181853	6028	91908
吉　林	43895	104461	200691	300411		262620
黑龙江	99	24944	32953	186740	1561	75009
上　海	282465	641144	2035009	2910030	592826	1345925
江　苏	1617706	1120410	6118995	7674294	560566	5280224
浙　江	527740	3193935	4032031	4672407	570934	3067739
安　徽	23658	707653	781902	1282949	25275	1073732
福　建	88555	1247755	1302720	1825087	86670	1265765
江　西	35515	722092	2334487	1300555	50037	946901
山　东	685199	785830	3627805	3908204	873652	2241328
河　南	139913	859943	1365918	1960890	37577	1519071
湖　北	489781	1913117	2743031	4120648	517694	2080074
湖　南	84994	1576074	2048798	3953087	119396	3032915
广　东	88738	1311385	1543538	3371705	156957	2058978
广　西	23105	627728	937754	2311278	152899	1579711
海　南	307	29575	69758	142095	6633	75073
重　庆	22095	1289094	669072	735890	16676	479198
四　川	249759	2076562	1472804	3104963	218172	2210163
贵　州	51203	318292	460757	830030	47593	533265
云　南	40281	445968	685847	1079331	40590	695695
西　藏	1808	36540	34217	21182	1360	11867
陕　西	162995	840173	714448	1823135	100809	1407783
甘　肃	9261	106996	242548	349029	2886	159059
青　海	213	39858	48453	45937	1481	34436
宁　夏	313	53658	42762	151087	2982	125058
新　疆	37971	350162	322264	559257	1955	399322

1-12 续表2

单位：万元

地区	医疗用房屋（卫生医疗用房）	文化、体育和娱乐用房屋	厂房及建筑物	#厂房	仓库	其他未列明的房屋建筑物
全国总计	**14009511**	**13739214**	**95246312**	**63271972**	**5532519**	**26482148**
北京	650575	1654331	2074780	1819322	181706	1918502
天津	183117	84713	766658	599187	54950	227459
河北	321288	224175	1576491	1218998	89083	392702
山西	265953	117099	1368956	787523	73003	319566
内蒙古	32529	126729	103593	57843	9128	38415
辽宁	83918	11547	752808	340930	31573	120013
吉林	37791	123136	513077	393548	90008	109754
黑龙江	110171	35376	158434	97686	10348	77698
上海	971279	1893735	3668613	1924736	641052	725570
江苏	1833505	2087323	21631785	15368087	864796	2594236
浙江	1033735	1362768	16428692	12225903	1030525	2581870
安徽	183941	198101	3711874	2046989	88634	1062126
福建	472652	214217	4114588	2037674	143839	457749
江西	303617	348393	3805376	2288513	182481	775732
山东	793225	510233	5561960	3485386	199537	903932
河南	404243	303656	1983006	873587	194226	934893
湖北	1522879	973245	5862244	4152964	199956	4136055
湖南	800776	642989	3964932	2854217	352374	1365830
广东	1155770	466142	6013053	3611258	356732	1213150
广西	578668	328046	1463540	995996	144445	1368941
海南	60389	8280	14615	3349	146	11306
重庆	240016	111153	2349009	1506368	130482	929803
四川	676628	737168	3223964	1545965	174728	1420020
贵州	249172	66143	702383	588092	88378	435362
云南	343047	186191	859607	543315	44906	668677
西藏	7956	942	12356	5654	15178	20903
陕西	314543	607992	1356921	1060587	63137	930083
甘肃	187084	78866	229057	116406	15928	180914
青海	10020	8470	10288	5367	3040	54209
宁夏	23047	31926	464137	433521	4390	127504
新疆	157981	196128	499519	283002	53808	379174

1-13 各地区建筑业企业施工机械设备情况

地区	年末自有施工机械设备总台数(台)	年末自有施工机械设备总功率(千瓦)	年末自有施工机械设备净值(万元)	技术装备率(元/人)	动力装备率(千瓦/人)
全国总计	**7394261**	**229208585**	**45635349**	**8639**	**4.3**
北京	80620	7155477	1178263	20944	12.7
天津	62446	6576684	1441537	25028	11.4
河北	263536	8475599	1083479	13721	10.7
山西	199889	7475572	1411617	15615	8.3
内蒙古	44156	1470210	324328	20938	9.5
辽宁	116782	4239960	594376	10622	7.6
吉林	39533	1168006	358077	10620	3.5
黑龙江	76923	1636012	401675	20627	8.4
上海	37697	1708001	1210844	16164	2.3
江苏	1694026	51374015	8944946	10171	5.8
浙江	541637	12424283	2876033	5343	2.3
安徽	173832	5119963	1181337	6023	2.6
福建	240130	11126966	1782100	3731	2.3
江西	197747	4623208	1159371	7049	2.8
山东	495251	11816863	2608927	9640	4.4
河南	536470	12807742	2640993	9166	4.4
湖北	392629	15195148	2774888	11937	6.5
湖南	625826	12741563	1634589	5866	4.6
广东	477138	16578855	4819093	13594	4.7
广西	96264	2072908	503243	4246	1.7
海南	4630	122520	29402	4595	1.9
重庆	100391	3130956	822859	4003	1.5
四川	263014	8357720	1799417	4936	2.3
贵州	42266	2753306	398099	5562	3.8
云南	239406	4515879	1205436	10028	3.8
西藏	3710	166624	45048	11738	4.3
陕西	170058	7629839	1205983	9289	5.9
甘肃	95350	2701990	646059	14042	5.9
青海	13732	543070	128377	21377	9.0
宁夏	13110	443772	95216	8587	4.0
新疆	56062	3055874	329738	9235	8.6

1-14 各地区建筑业企业建筑材料消耗情况

地 区	钢材(吨)	木材(立方米)	水泥(吨)	平板玻璃		铝材(吨)
				重量箱	平方米	
全国总计	**1091093547**	**557749570**	**2382291004**	**181959011**	**1109199046**	**72528673**
北 京	103702505	7315290	126379076	1643367	4639458	612359
天 津	13025195	2838991	23885605	371766	1571826	322850
河 北	34000024	11628697	47365411	1485234	11316918	927761
山 西	16142676	5316377	41398999	1170699	9590409	513476
内蒙古	3278512	1155934	5760237	176563	2189784	93854
辽 宁	9058330	6644961	26052097	629275	5682378	549309
吉 林	6207623	3332146	8096746	351263	3119719	470945
黑龙江	7599668	1980439	11430774	214499	1569356	127150
上 海	26084987	22793702	25633300	939702	5888607	4936039
江 苏	117499646	42415806	259646612	21567706	136591830	5773034
浙 江	96117742	42668578	242445281	27951426	138186459	6110574
安 徽	48303392	35373322	79541657	4675718	30555325	4998228
福 建	75625300	59089631	287155502	46339213	193174133	9377476
江 西	37832943	24507686	93828921	4168267	28075300	2697678
山 东	39195376	22333869	77737311	7677169	42755451	2003253
河 南	40378507	24911131	99612203	4958039	38035190	3556916
湖 北	61711027	61367070	132786193	11873893	74651004	5081684
湖 南	45339625	33939420	116616479	13280718	194088788	3026468
广 东	52244854	27896386	144284471	12231193	49439071	4220254
广 西	16176422	17609877	36662859	2331270	12125840	2483533
海 南	1776840	3242356	2955355	73855	836982	122376
重 庆	25000029	14983798	60597307	2956833	18594859	1698392
四 川	104487304	41998342	189662257	5999232	62030851	6656788
贵 州	19995618	8306166	31725203	3148149	11707911	3444906
云 南	23604928	16287739	50623614	1525612	11957793	762825
西 藏	774903	537577	1481127	16130	302559	21072
陕 西	49251226	7141968	112103793	868228	6894205	513002
甘 肃	7520700	2688732	19729689	2399463	6347005	196179
青 海	1739317	254581	4709999	70538	616681	51441
宁 夏	1566710	1117028	4666189	196638	1079255	286133
新 疆	5851618	6071970	17716737	667353	5584099	892718

1-15 各地区建筑业企业主要生产效益指标

地区	建筑业企业个数(个)	从事建筑业活动的平均人数(人)	按总产值计算的劳动生产率(元/人)	人均竣工产值(元/人)	人均施工面积(平方米/人)	人均竣工面积(平方米/人)
全国总计	**128743**	**61939287**	**473170**	**217186**	**254.4**	**65.9**
北京	2516	2184540	640306	282066	417.3	60.7
天津	2388	883081	526910	171987	204.1	24.8
河北	3142	1004984	645244	278762	353.7	81.7
山西	3733	1229712	461711	154329	189.6	41.0
内蒙古	1026	245353	521443	182272	305.6	53.8
辽宁	5816	698862	578784	217972	259.4	49.5
吉林	2801	375158	598758	299817	232.9	80.1
黑龙江	2195	310734	427535	147576	120.8	25.3
上海	2360	1214222	760651	419923	451.3	76.0
江苏	11396	10353306	369394	261402	264.1	72.4
浙江	8750	5852449	393185	206585	310.9	74.0
安徽	6834	1985655	533025	194050	271.4	70.5
福建	7758	4909408	322044	132909	177.6	39.1
江西	4663	1817388	537197	232050	195.5	79.6
山东	9296	3068530	534832	226012	309.6	78.3
河南	8159	3080033	460776	199807	218.8	61.7
湖北	5077	2499628	761375	324678	376.1	132.5
湖南	3591	3012504	440835	225820	253.5	79.8
广东	8503	3930578	543078	172710	269.6	62.4
广西	2351	1256293	533283	253031	234.7	68.4
海南	271	66317	674177	334117	256.4	71.8
重庆	3500	2278627	436359	180882	166.3	61.1
四川	7891	4129475	420179	183407	175.2	56.3
贵州	1993	845494	541463	172923	211.6	47.7
云南	3770	1622871	452075	159840	115.5	41.0
西藏	410	46179	586263	196521	92.1	42.5
陕西	3634	1658139	553359	180216	220.5	43.2
甘肃	2168	493350	460221	180023	251.7	47.5
青海	390	82328	713397	221323	113.6	33.7
宁夏	648	175500	388376	220576	113.4	47.9
新疆	1713	628589	497108	199891	212.5	49.7

1-16　各地区建筑业企业资产构成

单位：万元

地　区	资产总计	流动资产合计	#存货
全国总计	**3112957632**	**2444350548**	**326909161**
北　京	338820407	201030408	9802469
天　津	83572731	64941510	4722378
河　北	79349698	66848623	11400683
山　西	87957836	66325983	7799724
内蒙古	25315774	19306195	3303275
辽　宁	66481870	55685758	6733490
吉　林	31059686	26462724	3372768
黑龙江	22908775	19607857	2826597
上　海	130018576	107629195	8760822
江　苏	256271058	219890020	47171974
浙　江	176041914	149305326	29748288
安　徽	97153645	76813251	8459617
福　建	94233607	75714238	12959995
江　西	68032806	56553008	10878949
山　东	193281314	162064832	27379149
河　南	122741371	98901190	15040610
湖　北	182998085	138634504	24130714
湖　南	88135218	66154536	7592128
广　东	256607657	210295525	20668784
广　西	51471155	42271230	6264914
海　南	5971450	5206654	382781
重　庆	75501412	60967051	10308069
四　川	177241545	137543927	15281590
贵　州	85727837	72188009	8540180
云　南	88176433	59404992	4828768
西　藏	7969108	6468969	490620
陕　西	112472365	94132923	7973658
甘　肃	45673625	34399820	4185883
青　海	8659527	6394625	797372
宁　夏	8398946	7397879	1231837
新　疆	44712206	35809789	3871073

1-17 各地区建筑业企业固定资产情况

单位：万元

地区	固定资产原价	累计折旧	#本年折旧	在建工程
全国总计	**219417589**	**105358859**	**13575169**	**35836241**
北京	10258362	5528006	691094	666724
天津	7447382	4027734	414321	343100
河北	7427616	4050604	348883	1073332
山西	6120232	3336977	569252	658912
内蒙古	2431354	1217310	151960	306738
辽宁	6960337	3868424	351228	686707
吉林	2612283	1338742	158293	425594
黑龙江	2377773	1285153	115212	169360
上海	7882650	4344337	469538	514666
江苏	23872748	11147627	1622809	3156157
浙江	14425402	7019627	844958	1376313
安徽	7127281	3099751	435117	1093531
福建	7749887	3664338	499207	792582
江西	5044647	2258686	349723	1163484
山东	16043021	7432452	1037092	1890997
河南	12616806	5377123	730352	1735787
湖北	15899699	7762990	998341	4544514
湖南	7619568	3292346	475104	2072452
广东	11886922	5734215	783800	1809955
广西	2691001	1369308	174326	722220
海南	212967	111247	18738	43439
重庆	5207808	2308081	355048	1552937
四川	10626133	4851841	602023	3985795
贵州	2191966	905931	131194	1756749
云南	5486319	2421008	345491	823563
西藏	399604	137988	28569	102737
陕西	7285297	3786469	432643	1013121
甘肃	4010806	1194079	181175	527607
青海	917451	457500	30537	58174
宁夏	828695	399936	55492	53223
新疆	3755574	1629031	173652	715772

1-18　各地区建筑业企业负债及所有者权益

单位：万元

地　区	负债合计	#流动负债	#应付账款	所有者权益	#实收资本
全国总计	**2207672526**	**2001265150**	**815262134**	**905285107**	**445925876**
北　京	225019845	198232692	73425117	113800562	37774580
天　津	65193988	60788731	24193628	18378743	10312181
河　北	59341824	55150249	24343033	20007873	11713283
山　西	66071681	59929343	24051460	21886155	11579259
内蒙古	17286118	16648504	5817453	8029656	4258175
辽　宁	49094367	44073869	14950321	17387503	10397423
吉　林	21544276	19797489	6802959	9515409	5995412
黑龙江	16897217	15936849	5842331	6011557	4983452
上　海	101223536	97579287	48032819	28795041	14550795
江　苏	153754834	144029484	55901327	102516224	40546378
浙　江	123973823	118856314	48022268	52068091	27876452
安　徽	70808185	62180833	22538998	26345461	12874860
福　建	58121045	49067919	15516593	36112561	18350636
江　西	45620592	40177672	15029209	22412214	13009161
山　东	148264290	139666512	58167844	45017024	24948909
河　南	82623183	75074286	25198120	40118187	23225858
湖　北	127036883	107244008	53218040	55961202	21153112
湖　南	59160015	50452092	20704454	28975203	15168740
广　东	192553247	175862558	67421709	64054410	31337244
广　西	39139425	35871139	15352075	12331730	7350815
海　南	3985749	3720635	1632730	1985701	1241025
重　庆	53991685	47878861	19442586	21509728	10572752
四　川	129285215	112818723	51162786	47956329	27752418
贵　州	67732665	59580364	22805675	17995172	7145857
云　南	58095155	52602604	22197924	30081278	20289397
西　藏	5470786	4316579	1434379	2498322	1136095
陕　西	87642531	83159602	43340582	24829834	14961929
甘　肃	32487427	28593613	11350863	13186198	6531210
青　海	6024736	5298172	2282914	2634791	1681991
宁　夏	5997572	5826316	2785139	2401373	1662610
新　疆	34230632	30849851	12296799	10481574	5543868

1-19 各地区建筑业企业收入情况

单位：万元

地区	主营业务收入	主营业务成本	主营业务税金及附加	其他业务收入	其他业务利润
全国总计	**2624538107**	**2413911413**	**15431329**	**54419262**	**2398214**
北京	173840766	160574333	380699	1229240	343422
天津	50769622	46640522	116081	1328553	30510
河北	58026982	53706608	350807	1346783	47102
山西	56866710	52100725	187268	1263765	101508
内蒙古	13935647	13008642	69210	408105	35279
辽宁	37824017	34770822	227441	2050637	39811
吉林	20768520	19083008	114742	622296	16066
黑龙江	14510313	13320087	68546	372173	11542
上海	117728361	110136176	268119	1301141	123342
江苏	329589003	303380245	1989858	3601255	257598
浙江	194988465	182813734	792486	3727640	200491
安徽	85456030	78385893	449506	2201196	89651
福建	121999566	112080277	1179279	3690468	61154
江西	68598459	62866749	618422	2174974	55240
山东	156292513	143905859	767453	4210419	121168
河南	115946780	103760293	1293717	1121666	113884
湖北	169879810	154219168	1112163	4477741	103674
湖南	109899596	99800408	1477103	2648331	26879
广东	212419041	195508477	775069	3393089	176803
广西	45412934	42232440	220427	1361347	37651
海南	5437814	4937671	25061	84766	2643
重庆	76736133	69732404	752803	844700	65766
四川	145016646	132429654	929049	4352988	84072
贵州	34644398	32484054	146157	1346057	49940
云南	50467417	46018999	379532	1292507	76464
西藏	3128163	2826290	14888	184939	647
陕西	85728037	79414575	413652	1819403	54447
甘肃	23677294	22044019	144525	1132971	25907
青海	6539469	6006664	14472	349549	10365
宁夏	7406179	6899937	34303	101547	8949
新疆	31003422	28822683	118494	379015	26242

1-20　各地区建筑业企业费用情况

单位：万元

地　区	管理费用	销售费用	研发费用	财务费用	#利息收入	#利息支出
全国总计	**78663464**	**7562527**	**30040985**	**16501222**	**6157038**	**15316009**
北　京	4737790	563909	3995335	740016	1631867	2159724
天　津	1656007	137795	1179139	325494	296606	439823
河　北	1834357	114267	597532	480255	77760	323186
山　西	1820060	88302	1272933	460917	226972	591792
内蒙古	596168	16710	36261	111755	9230	79919
辽　宁	2004762	102357	373108	418805	39155	252133
吉　林	788254	29094	124460	190386	34133	168011
黑龙江	594744	30776	111527	90501	13025	78317
上　海	2969080	325552	2215128	373099	349289	432964
江　苏	9049248	1020534	1282775	1929383	345730	1245844
浙　江	5518663	451911	1564895	890128	229824	856215
安　徽	2598383	345369	1027431	587545	164766	462215
福　建	3626237	324060	623841	465355	71855	293461
江　西	2115903	219589	487288	436574	46476	289088
山　东	5302142	294966	1891125	1105004	290055	871676
河　南	3670783	529984	1192596	948546	76898	556073
湖　北	4684722	566564	2807779	922099	285122	851161
湖　南	3395628	361650	1686802	694668	223173	617975
广　东	5932660	491902	3131303	1418306	430059	1231793
广　西	1404863	53330	403401	284655	40179	247082
海　南	129381	6748	15278	16771	1311	12502
重　庆	2415187	314760	421672	696188	69026	495431
四　川	4469285	668890	1486510	951066	403916	884053
贵　州	1001140	34196	268709	531494	54956	254555
云　南	1704535	173919	281347	528045	207515	618178
西　藏	142962	7291	6947	24853	25410	30784
陕　西	2162534	183838	1092887	322105	260716	417036
甘　肃	871103	56907	105100	208099	197416	293155
青　海	226894	2347	146843	39246	8128	14109
宁　夏	269576	9450	39492	24999	1433	19693
新　疆	970413	35563	171538	284865	45039	228064

1-21 各地区建筑业企业利润及税金情况

单位：万元

地区	利润总额	#所得税费用	税金总额	主营业务税金及附加	应交增值税
全国总计	**84708145**	**15216876**	**70523640**	**15431329**	**55092311**
北京	9508708	717826	2425196	380699	2044498
天津	880026	141420	845599	116081	729518
河北	985962	274296	1510679	350807	1159872
山西	1492859	156681	1333321	187268	1146053
内蒙古	195271	73872	423625	69210	354415
辽宁	361475	177823	1015516	227441	788075
吉林	534037	143553	736682	114742	621940
黑龙江	104581	55382	482900	68546	414354
上海	2159670	392900	1487346	268119	1219227
江苏	13889940	2732064	10253957	1989858	8264099
浙江	4478568	981590	5227488	792486	4435002
安徽	2608377	419138	2220354	449506	1770848
福建	4471544	1003412	4004566	1179279	2825287
江西	2485013	514918	2112862	618422	1494440
山东	4521939	804336	3972461	767453	3205009
河南	5384153	794068	4165732	1293717	2872015
湖北	6195778	1275815	4993618	1112163	3881455
湖南	3606568	628811	3938797	1477103	2461694
广东	4535018	1007730	4777294	775069	4002225
广西	1213246	222455	1176074	220427	955648
海南	192527	65845	198092	25061	173032
重庆	3001951	506154	2802714	752803	2049911
四川	5358151	960830	3914703	929049	2985654
贵州	615719	163747	785008	146157	638851
云南	1810207	331256	1591483	379532	1211951
西藏	90289	12409	82328	14888	67441
陕西	2579853	356050	2062006	413652	1648354
甘肃	580552	113398	876733	144525	732207
青海	155003	20579	137136	14472	122664
宁夏	127734	35142	218480	34303	184177
新疆	583430	133379	750891	118494	632398

1－22　各地区建筑业企业应收工程款及企业亏损情况

地　区	应收工程款（万元）	企业个数（个）	#亏损企业个数	亏损企业的比重（%）
全国总计	**605329663**	**128743**	**25874**	**20.1**
北　京	43995828	2516	666	26.5
天　津	14578664	2388	618	25.9
河　北	15946058	3142	642	20.4
山　西	20086856	3733	917	24.6
内蒙古	5989496	1026	285	27.8
辽　宁	12849578	5816	1790	30.8
吉　林	8848413	2801	631	22.5
黑龙江	4806646	2195	642	29.2
上　海	19860430	2360	512	21.7
江　苏	57071392	11396	1106	9.7
浙　江	36232717	8750	2385	27.3
安　徽	19367910	6834	1207	17.7
福　建	15802339	7758	1165	15.0
江　西	12416031	4663	535	11.5
山　东	44630047	9296	2230	24.0
河　南	25678008	8159	1183	14.5
湖　北	35073323	5077	685	13.5
湖　南	15667918	3591	448	12.5
广　东	47674492	8503	1807	21.3
广　西	9748322	2351	675	28.7
海　南	1135908	271	52	19.2
重　庆	16706216	3500	574	16.4
四　川	29231061	7891	951	12.1
贵　州	15316775	1993	641	32.2
云　南	21063454	3770	1139	30.2
西　藏	1158564	410	85	20.7
陕　西	31364996	3634	725	20.0
甘　肃	8384800	2168	651	30.0
青　海	1420531	390	127	32.6
宁　夏	2661830	648	214	33.0
新　疆	10561060	1713	586	34.2

1-23 各地区建筑业企业主要经济效益指标

地　区	产值利润率(%)	产值利税率(%)	资本利润率(%)	资本利税率(%)	人均利润(元/人)	人均利税(元/人)	资产负债率(%)
全国总计	**2.9**	**5.3**	**19.0**	**34.8**	**13676**	**25062**	**70.9**
北　京	6.8	8.5	25.2	31.6	43527	54629	66.4
天　津	1.9	3.7	8.5	16.7	9965	19541	78.0
河　北	1.5	3.9	8.4	21.3	9811	24843	74.8
山　西	2.6	5.0	12.9	24.4	12140	22982	75.1
内蒙古	1.5	4.8	4.6	14.5	7959	25225	68.3
辽　宁	0.9	3.4	3.5	13.2	5172	19703	73.8
吉　林	2.4	5.7	8.9	21.2	14235	33872	69.4
黑龙江	0.8	4.4	2.1	11.8	3366	18906	73.8
上　海	2.3	3.9	14.8	25.1	17786	30036	77.9
江　苏	3.6	6.3	34.3	59.5	13416	23320	60.0
浙　江	1.9	4.2	16.1	34.8	7652	16585	70.4
安　徽	2.5	4.6	20.3	37.5	13136	24318	72.9
福　建	2.8	5.4	24.4	46.2	9108	17265	61.7
江　西	2.5	4.7	19.1	35.3	13674	25299	67.1
山　东	2.8	5.2	18.1	34.0	14737	27682	76.7
河　南	3.8	6.7	23.2	41.1	17481	31006	67.3
湖　北	3.3	5.9	29.3	52.9	24787	44764	69.4
湖　南	2.7	5.7	23.8	49.7	11972	25047	67.1
广　东	2.1	4.4	14.5	29.7	11538	23692	75.0
广　西	1.8	3.6	16.5	32.5	9657	19019	76.0
海　南	4.3	8.7	15.5	31.5	29031	58902	66.7
重　庆	3.0	5.8	28.4	54.9	13174	25474	71.5
四　川	3.1	5.3	19.3	33.4	12975	22455	72.9
贵　州	1.3	3.1	8.6	19.6	7282	16567	79.0
云　南	2.5	4.6	8.9	16.8	11154	20961	65.9
西　藏	3.3	6.4	7.9	15.2	19552	37380	68.6
陕　西	2.8	5.1	17.2	31.0	15559	27994	77.9
甘　肃	2.6	6.4	8.9	22.3	11768	29539	71.1
青　海	2.6	5.0	9.2	17.4	18827	35485	69.6
宁　夏	1.9	5.1	7.7	20.8	7278	19727	71.4
新　疆	1.9	4.3	10.5	24.1	9282	21227	76.6

二、按经济类型分组的建筑业企业

2-1 各地区国有建筑业企业签订合同情况

单位：万元

地区	签订合同额	上年结转合同额	本年新签合同额
全国总计	**1121083286**	**608647030**	**512436256**
北京	93362628	53552381	39810248
天津	18963075	9938249	9024826
河北	32819350	16834255	15985094
山西	15184546	6777660	8406885
内蒙古	21507604	14318664	7188940
辽宁	12784966	5579342	7205623
吉林	1868436	1155253	713183
黑龙江	5780231	2610594	3169638
上海	39793778	17728422	22065356
江苏	49250359	25028524	24221835
浙江	5832658	2845455	2987203
安徽	33099247	14966313	18132933
福建	26404763	16934671	9470092
江西	13729082	7138094	6590988
山东	52183877	23820448	28363429
河南	28377821	14966378	13411443
湖北	187284510	113729305	73555205
湖南	36141667	15107848	21033819
广东	163243076	83328552	79914525
广西	17247226	10351736	6895490
海南	995200	657702	337499
重庆	21332872	11573710	9759162
四川	120062616	76560892	43501725
贵州	29131746	16589170	12542576
云南	16744907	9363566	7381341
西藏	2050632	1179465	871168
陕西	38010946	19330988	18679958
甘肃	13695843	5261693	8434151
青海	10394793	5681521	4713273
宁夏	2888376	737931	2150445
新疆	10916455	4998251	5918205

2-2 各地区国有建筑业企业承包工程完成情况

单位：万元

地区	直接从建设单位承揽工程完成的产值	自行完成施工产值	分包出去工程的产值	从建设单位以外承揽工程完成的产值
全国总计	**372469875**	**350618764**	**21851111**	**25674751**
北京	26050612	24867713	1182899	2347263
天津	9622045	8122742	1499304	657718
河北	11015930	10767455	248475	208761
山西	7153010	5783224	1369786	100921
内蒙古	3469068	3468062	1006	31192
辽宁	5030409	4399599	630810	12410
吉林	828943	828235	708	723539
黑龙江	2211550	1969040	242511	26115
上海	12664371	11755901	908470	2045754
江苏	20048812	19637969	410843	1143880
浙江	2499001	2412104	86898	119524
安徽	12587154	12082709	504445	361269
福建	8076038	8054143	21895	328713
江西	7698527	7670437	28090	37022
山东	20851797	20381749	470048	2811976
河南	11936864	11934350	2514	566416
湖北	47190636	46653941	536695	994298
湖南	17705212	17595405	109807	448176
广东	47948273	42398968	5549305	5809908
广西	5230241	4275103	955138	1199318
海南	343758	333377	10382	
重庆	7032259	6952731	79529	361038
四川	39302689	32865470	6437220	1027458
贵州	10837420	10824915	12505	23786
云南	6753965	6746797	7168	1293459
西藏	859998	833922	26075	48512
陕西	12557697	12127201	430496	2761952
甘肃	5868985	5839395	29591	20772
青海	2688984	2688832	152	135433
宁夏	1726266	1710676	15590	589
新疆	4679359	4636602	42757	27582

2-3 各地区国有企业建筑业总产值和竣工产值

单位：万元

地 区	建筑业总产值	#装饰装修产值	#在外省完成的产值	按构成分组			竣工产值
				建筑工程产值	安装工程产值	其他产值	
全国总计	**376293515**	**7566274**	**164408213**	**335992038**	**29992756**	**10308722**	**142477577**
北 京	27214976	1655951	19605851	26319862	832690	62424	16323678
天 津	8780459	23724	7491293	7967017	767158	46284	1316284
河 北	10976215	82534	5777453	9120883	1486298	369035	3060939
山 西	5884146	116535	1028434	5474408	167499	242239	2075551
内 蒙 古	3499254	112318	2873228	3344578	148451	6224	533756
辽 宁	4412009	33963	1994847	3535320	696214	180475	1639835
吉 林	1551775	701	224865	1318747	181282	51746	462431
黑 龙 江	1995154	878	641701	1226798	740429	27928	917692
上 海	13801655	737687	9097259	11485944	2149947	165764	3559306
江 苏	20781849	162033	10418169	20178795	545282	57772	21043274
浙 江	2531628	2386	385036	2314730	197778	19119	1819989
安 徽	12443978	25035	6122940	11726901	600590	116487	3757554
福 建	8382856	275611	1514267	7411131	849992	121733	2966009
江 西	7707460	125673	2641621	6710125	706945	290390	3005299
山 东	23193725	321783	8024576	19537101	3134613	522011	7305736
河 南	12500766	1046806	4442356	9636216	2423637	440913	3146449
湖 北	47648239	429895	29340922	43395605	2609380	1643254	21359382
湖 南	18043581	428809	7452379	13917068	2118190	2008324	7141166
广 东	48208875	1100191	14359336	44963656	2233789	1011431	13158346
广 西	5474421	39696	2341839	4486233	693626	294563	1270506
海 南	333377	7302	638	321865	10598	914	157730
重 庆	7313768	101039	3554323	6591441	528624	193704	1988533
四 川	33892928	214579	10152696	30731838	2259155	901935	10798502
贵 州	10848701	56018	2663487	9154970	1117226	576505	1527951
云 南	8040256	18769	729283	7273782	692868	73606	774563
西 藏	882434		10309	871908	4134	6393	242212
陕 西	14889153	372450	7362366	13427054	808914	653185	7295955
甘 肃	5860167	59531	1475868	4874834	902602	82731	883167
青 海	2824265	335	2274728	2773796	50266	203	791718
宁 夏	1711265	5538	238141	1476694	197455	37116	935134
新 疆	4664184	8504	168003	4422741	137125	104318	1218933

2-4 各地区国有建筑业企业房屋建筑面积

地区	房屋施工面积(万平方米)	#本年新开工	房屋竣工面积(万平方米)	房屋竣工率(%)
全国总计	**170278**	**40937**	**28636**	**16.8**
北京	20908	4471	4340	20.8
天津	1540	480	82	5.3
河北	3722	882	514	13.8
山西	1721	436	403	23.4
内蒙古	3377	602	97	2.9
辽宁	1402	215	195	13.9
吉林	98	66	8	8.2
黑龙江	59	32	8	13.1
上海	1605	369	307	19.1
江苏	12748	2746	2564	20.1
浙江	196	22	47	23.7
安徽	7018	1811	703	10.0
福建	3193	750	484	15.2
江西	3206	663	665	20.8
山东	9696	2141	1474	15.2
河南	2189	772	341	15.6
湖北	20557	5625	4285	20.8
湖南	9966	1970	2249	22.6
广东	36366	8391	4595	12.6
广西	823	403	66	8.0
海南	59	11	36	61.5
重庆	1375	346	526	38.2
四川	14479	3872	2472	17.1
贵州	1622	536	343	21.2
云南	936	296	113	12.1
西藏	105	23	40	38.6
陕西	5423	1078	850	15.7
甘肃	3817	1071	236	6.2
青海	155	42	7	4.8
宁夏	562	328	300	53.4
新疆	1356	487	289	21.3

2-5 各地区按主要用途分的国有建筑业企业房屋竣工面积

单位：万平方米

地 区	总计	住宅房屋	商业及服务用房屋	办公用房 屋	科研、教育和医疗用房屋
全国总计	**28636**	**18028**	**2239**	**1375**	**2197**
北 京	4340	3117	296	203	283
天 津	82	36	17	0	6
河 北	514	288	27	18	33
山 西	403	253	33	6	84
内 蒙 古	97	57		1	15
辽 宁	195	163	5	2	2
吉 林	8	7			0
黑 龙 江	8	1		0	0
上 海	307	254	11	24	12
江 苏	2564	2053	16	123	142
浙 江	47	40	1	2	3
安 徽	703	465	37	23	55
福 建	484	322	59	13	46
江 西	665	333	48	55	37
山 东	1474	767	85	333	68
河 南	341	210	6	10	23
湖 北	4285	2117	876	141	370
湖 南	2249	1177	141	38	267
广 东	4595	2741	236	219	403
广 西	66	42	1	3	4
海 南	36	23	3	1	10
重 庆	526	383	49	3	11
四 川	2472	1906	144	70	147
贵 州	343	204	12	9	19
云 南	113	53	1	13	22
西 藏	40	33	2	1	2
陕 西	850	493	55	44	91
甘 肃	236	187	15	5	5
青 海	7	6		1	
宁 夏	300	158	9	7	22
新 疆	289	140	51	9	18

2–5 续表 单位：万平方米

地　区	文化、体育和娱乐用房屋	厂房及建筑物	仓　库	其他未列明的房屋建筑物
全国总计	**577**	**2943**	**143**	**1135**
北　京	142	100	41	158
天　津	9	14		0
河　北	25	112	5	6
山　西	4	22	0	1
内 蒙 古	19	5		
辽　宁		22		1
吉　林		1		0
黑 龙 江		3	0	3
上　海		5		1
江　苏	61	125	0	45
浙　江	0	1		
安　徽	23	93	0	7
福　建	0	36	8	
江　西	0	173		19
山　东	1	133	9	79
河　南	8	55	11	18
湖　北	130	505	12	134
湖　南	43	489		93
广　东	74	540	27	355
广　西	1	5	1	8
海　南				
重　庆		60		19
四　川	6	160	0	39
贵　州	0	80	4	15
云　南	1	21	0	2
西　藏		2		
陕　西	13	116	0	37
甘　肃	1	17	3	3
青　海				
宁　夏	3	36		66
新　疆	13	14	20	25

2-6 各地区按主要用途分的国有建筑业企业房屋竣工价值

单位：万元

地　　区	总计	住宅房屋	商业及服务用房屋	办公用房　屋	科研、教育和医疗用房屋
全国总计	**66240370**	**35760340**	**6110170**	**4325355**	**7060501**
北　　京	12098949	6806925	1085355	1070870	1146523
天　　津	216769	67435	29167	1360	23343
河　　北	968591	401702	61631	26828	81309
山　　西	877356	443087	63692	26631	302805
内 蒙 古	160158	87696		936	20942
辽　　宁	311292	251834	11385	7588	5116
吉　　林	15414	13280			84
黑 龙 江	14687	1019		1375	233
上　　海	663517	541332	28526	41071	41836
江　　苏	5006241	3571161	26312	302290	224478
浙　　江	168759	118521	3090	7850	12500
安　　徽	1292128	748060	57473	68678	150913
福　　建	1319033	754983	237551	50411	178620
江　　西	1316137	635547	103126	171778	58306
山　　东	3966107	2007997	165962	1071507	249252
河　　南	641121	385374	10384	19034	57872
湖　　北	11543746	3877823	2567507	335386	1390873
湖　　南	4497899	2080330	257742	123781	750048
广　　东	9244500	5822862	473657	453465	1013320
广　　西	168904	92876	3503	32803	18338
海　　南	106986	68151	4800	2409	31626
重　　庆	914351	588799	117626	4024	25780
四　　川	5292331	3751131	324506	178514	535550
贵　　州	692404	383554	32154	24452	57655
云　　南	333425	153297	2101	55826	69851
西　　藏	116341	89200	9374	6054	6700
陕　　西	2610875	1080758	288724	155002	483262
甘　　肃	500906	381411	30594	28763	11999
青　　海	1406	817		589	
宁　　夏	632089	292130	15117	25212	66806
新　　疆	547952	261249	99113	30870	44562

2-6 续表 单位：万元

地　区	文化、体育和娱乐用房屋	厂房及建筑物	仓　库	其他未列明的房屋建筑物
全国总计	**2253095**	**5885337**	**320539**	**4525035**
北　京	739702	293436	87804	868334
天　津	38832	56416		216
河　北	112639	219750	9599	55133
山　西	15109	19723	396	5913
内蒙古	41771	8813		
辽　宁		33034		2336
吉　林		1497		553
黑龙江		5396	44	6620
上　海		5732		5020
江　苏	102354	234059	63	545524
浙　江	2189	24609		
安　徽	77536	157248	235	31985
福　建	1653	78775	17040	
江　西	86	304216		43078
山　东	1843	305535	15390	148622
河　南	28253	81368	12399	46437
湖　北	522541	899051	73989	1876577
湖　南	161452	958546		166000
广　东	242852	955521	72229	210594
广　西	674	9092	776	10842
海　南				
重　庆		134971		43152
四　川	24763	357224	1100	119543
贵　州	52	156160	11995	26383
云　南	2046	43770	400	6135
西　藏		5013		
陕　西	61194	397724	286	143927
甘　肃	11354	21931	7697	7157
青　海				
宁　夏	29856	93988		108981
新　疆	34348	22740	9097	45975

2-7 各地区国有建筑业企业主要生产效益指标

地 区	建筑业企业个数（个）	从事建筑业活动的平均人数（人）	按总产值计算的劳动生产率（元/人）	人均竣工产值（元/人）	人均施工面积（平方米/人）	人均竣工面积（平方米/人）
全国总计	**3920**	**5831511**	**645276**	**244324**	**292.0**	**49.1**
北 京	55	397168	685226	411002	526.4	109.3
天 津	72	64194	1367801	205048	240.0	12.8
河 北	117	140794	779594	217406	264.4	36.5
山 西	117	87596	671737	236946	196.5	46.0
内蒙古	25	48691	718665	109621	693.5	19.9
辽 宁	195	79741	553292	205645	175.8	24.4
吉 林	76	14903	1041250	310294	65.9	5.4
黑龙江	79	48262	413401	190148	12.3	1.6
上 海	70	116009	1189706	306813	138.4	26.5
江 苏	218	471201	441040	446588	270.5	54.4
浙 江	87	44252	572093	411278	44.4	10.5
安 徽	122	139108	894555	270118	504.5	50.5
福 建	86	206182	406576	143854	154.9	23.5
江 西	139	129063	597186	232855	248.4	51.6
山 东	398	278512	832773	262313	348.1	52.9
河 南	147	184590	677218	170456	118.6	18.5
湖 北	230	464127	1026621	460206	442.9	92.3
湖 南	164	352699	511586	202472	282.6	63.8
广 东	263	950778	507047	138396	382.5	48.3
广 西	96	73619	743615	172579	111.8	8.9
海 南	13	3983	836999	396009	147.0	90.4
重 庆	91	102998	710088	193065	133.5	51.0
四 川	359	667786	507542	161706	216.8	37.0
贵 州	166	164971	657613	92619	98.3	20.8
云 南	102	102636	783376	75467	91.2	11.0
西 藏	28	5433	1624212	445816	192.9	74.5
陕 西	149	263788	564436	276584	205.6	32.2
甘 肃	106	100863	581003	87561	378.4	23.4
青 海	22	23638	1194799	334934	65.5	3.1
宁 夏	41	30325	564308	308371	185.3	98.8
新 疆	87	73601	633712	165614	184.2	39.3

2-8 各地区国有建筑业企业资产构成

单位：万元

地区	资产总计	流动资产合计	#存货
全国总计	**561797488**	**421733078**	**42332230**
北京	51168122	35486465	817112
天津	16651860	11511662	1052095
河北	10281708	8146880	995785
山西	14311227	8365180	1194085
内蒙古	3162679	2599449	619722
辽宁	9434619	7402836	1310919
吉林	2579009	2307243	134914
黑龙江	4147004	3786849	580942
上海	17702891	13515042	923233
江苏	26402521	22259066	2935939
浙江	5017071	4163740	555376
安徽	12316293	10842527	579196
福建	11509104	8489328	2090907
江西	10038521	8416900	1079406
山东	37798599	30755056	3175873
河南	13671615	10676369	1210995
湖北	78573003	53175921	11412417
湖南	13814438	9740589	624839
广东	47063755	37923438	2174469
广西	7505244	4530875	411233
海南	1034241	883906	65476
重庆	10420890	7696831	824637
四川	63249099	46550757	2367925
贵州	31151850	24027663	2359506
云南	9852695	7666855	251995
西藏	2089659	1912194	126630
陕西	22384143	18450868	938281
甘肃	15396822	10326924	604067
青海	4009579	2535268	236944
宁夏	1611252	1450056	130430
新疆	7447978	6136343	546884

2-9　各地区国有建筑业企业固定资产情况

单位：万元

地　　区	固定资产原价	累计折旧	#本年折旧	在建工程
全国总计	**33758885**	**15805777**	**1803218**	**7678258**
北　　京	1310846	704654	90380	14071
天　　津	1476638	904150	86572	60296
河　　北	912057	528801	45272	348834
山　　西	469601	215243	25229	98111
内 蒙 古	349285	189028	21782	5492
辽　　宁	1211987	593562	64102	33317
吉　　林	203532	92512	12510	62513
黑 龙 江	680151	426936	23688	14747
上　　海	1646633	884351	92922	82833
江　　苏	2010435	1032144	152697	117785
浙　　江	224551	101404	12268	82160
安　　徽	891264	369844	42659	23675
福　　建	419770	223890	21684	89121
江　　西	710804	432635	44497	208304
山　　东	2751547	1228546	161455	299397
河　　南	1387896	488802	48746	109776
湖　　北	5657929	2594465	329585	1508471
湖　　南	916483	323809	36476	476459
广　　东	2186948	960018	109540	84935
广　　西	429664	248393	17099	68453
海　　南	16609	10633	702	17253
重　　庆	875135	327910	46099	624919
四　　川	2170547	841145	100223	1817709
贵　　州	886646	347216	36834	864227
云　　南	639116	183380	23949	171298
西　　藏	61500	33115	6336	3193
陕　　西	1342289	900850	86287	27146
甘　　肃	936568	205862	28171	231364
青　　海	406509	190412	4401	12029
宁　　夏	141475	68718	7730	2926
新　　疆	434472	153351	23324	117445

2-10 各地区国有建筑业企业负债及所有者权益

单位：万元

地区	负债合计	#流动负债	#应付账款	所有者权益	#实收资本
全国总计	**439961646**	**382675365**	**155891160**	**121835843**	**56602610**
北京	39191373	33220448	13408586	11976750	4931998
天津	12974346	12024725	4765508	3677514	1891622
河北	8616340	7842831	3497186	1665368	1459241
山西	10786287	9080459	2897113	3524940	1405092
内蒙古	2755864	2597481	1091698	406815	454528
辽宁	6954649	6294556	2167421	2479970	1356039
吉林	1499963	1328962	489245	1079046	994768
黑龙江	3966074	3888302	1532557	180930	642378
上海	13966026	13465938	6644111	3736865	1926662
江苏	20999063	19102524	5838519	5403458	2567782
浙江	4103123	3635724	1152788	913948	368632
安徽	10493805	9808168	3148849	1822488	982864
福建	9025211	7538244	2103856	2483893	801800
江西	8587157	7873251	3114355	1451365	899889
山东	31342124	28907489	11034474	6456476	3807713
河南	11017271	9541377	3133744	2654344	1623163
湖北	58215788	45662193	21548013	20357215	5246998
湖南	9694338	7154641	2426964	4120099	2629686
广东	38435293	35552967	16964010	8628462	4737088
广西	5531742	4682141	1411067	1973503	1283931
海南	549494	533522	329794	484746	415706
重庆	8214752	6847563	1967130	2206138	1110771
四川	49571982	42934234	19916630	13677117	6519531
贵州	24623665	19272481	5652417	6528185	2271685
云南	7430797	6917163	3189453	2421898	1009078
西藏	1624133	1479155	521481	465526	170382
陕西	18584281	17605279	8840230	3799862	2282036
甘肃	11031873	8824209	3289005	4364949	1628616
青海	2975376	2378567	1035980	1034203	382390
宁夏	1297414	1268949	641916	313838	206832
新疆	5902043	5411825	2137061	1545935	593710

2-11 各地区国有建筑业企业收入情况

单位：万元

地区	主营业务收入	主营业务成本	主营业务税金及附加	其他业务收入	其他业务利润
全国总计	**361004278**	**332250462**	**1211402**	**6438881**	**308899**
北京	31768728	29334351	69143	194279	-1904
天津	10140889	9336865	15857	51135	4100
河北	9336095	8827716	28408	106983	3147
山西	6099497	5401634	21080	165442	3418
内蒙古	3157358	3016481	7122	37567	6899
辽宁	5194208	4709618	20490	166084	19388
吉林	1332173	1266115	4116	44836	1729
黑龙江	2465365	2347874	6148	54675	4220
上海	13464101	12529155	25109	80946	21783
江苏	18872602	17326375	102014	249140	5523
浙江	2456901	2245314	6691	60130	4909
安徽	10381344	9676332	25287	110129	6721
福建	6069155	5707983	16192	116477	6100
江西	5375271	4973337	33290	173162	1057
山东	24440513	22553486	70108	225719	27990
河南	10097475	9244739	51926	59186	14472
湖北	49288531	44076971	183924	1358098	60947
湖南	14235012	12961343	87169	271613	5555
广东	44933224	42362502	121001	335642	27913
广西	4207434	3813822	13695	476642	4038
海南	584972	535711	3221	605	13
重庆	5432819	4966689	17694	44792	-4896
四川	36419595	33487606	90871	730530	25327
贵州	8111304	7393318	51958	359774	21571
云南	5576642	4962203	15548	82199	-1105
西藏	963037	906041	2247	140814	394
陕西	15559762	14390461	54197	288898	6457
甘肃	5323357	5019521	38446	178669	15785
青海	3183604	2877129	2865	243948	9133
宁夏	1680842	1542568	7727	6023	919
新疆	4852473	4457200	17858	24746	7297

2-12 各地区国有建筑业企业费用情况

单位：万元

地　区	管理费用	销售费用	研发费用	财务费用	#利息收入	#利息支出
全国总计	**8781108**	**433145**	**7193869**	**2621918**	**1636746**	**3182517**
北　京	509397	38215	1077605	-21897	341676	305078
天　津	230285	2270	302258	50420	44434	73064
河　北	275894	966	155156	65595	4406	33405
山　西	183306	2920	198523	172218	57914	215972
内蒙古	90397	6054	6876	17316	5419	14266
辽　宁	247222	2105	95524	50394	10229	42963
吉　林	56448	1080	9478	4363	28065	61404
黑龙江	91701	3173	17382	9661	1916	10033
上　海	286606	19206	354329	48170	63841	101223
江　苏	447158	33628	197034	121258	61687	156388
浙　江	122597	1408	23591	7372	14082	27819
安　徽	176310	11880	227197	50864	26278	35020
福　建	136326	6924	57331	42599	26237	34629
江　西	205944	6328	60140	65194	28684	74374
山　东	679931	26284	439078	169524	84365	209598
河　南	302523	32177	136553	130150	5202	113751
湖　北	1393506	112174	1296868	387846	181782	448250
湖　南	471709	10195	387287	130808	82449	172995
广　东	721183	25091	920112	148237	67705	96874
广　西	130450	5818	59688	64199	4248	59677
海　南	12169	727		-1400	736	430
重　庆	191209	9336	88141	74847	14420	68218
四　川	610510	55017	523046	285940	198809	308501
贵　州	274511	3176	91156	333345	28936	99554
云　南	173148	3752	45299	57380	10046	55960
西　藏	29515	88		6358	1187	6187
陕　西	347630	9611	231248	27609	119604	134505
甘　肃	149983	1205	25335	57773	98564	175413
青　海	84773	310	135129	27136	9384	1981
宁　夏	44369	717	7844	5322	643	5123
新　疆	104402	1313	24663	33317	13805	39866

2-13 各地区国有建筑业企业利润及税金情况

单位：万元

地　　区	利润总额	#所得税费用	税金总额	主营业务税金及附加	应交增值税
全国总计	**10456838**	**1900859**	**7126429**	**1211402**	**5915027**
北　京	720333	95149	388064	69143	318920
天　津	220946	25217	133086	15857	117229
河　北	53895	13965	203702	28408	175294
山　西	225787	19783	165105	21080	144025
内蒙古	1828	4791	35443	7122	28321
辽　宁	137402	26464	133811	20490	113320
吉　林	6867	3839	58952	4116	54836
黑龙江	-106992	6520	63708	6148	57559
上　海	287968	50985	131795	25109	106686
江　苏	740092	152277	444950	102014	342936
浙　江	97936	23766	65029	6691	58338
安　徽	300662	56820	215936	25287	190649
福　建	204387	36130	99464	16192	83272
江　西	100102	27067	152534	33290	119244
山　东	700372	120747	477764	70108	407656
河　南	278540	51974	200435	51926	148509
湖　北	1832206	418885	1248181	183924	1064257
湖　南	400501	63983	490564	87169	403395
广　东	779124	123549	666611	121001	545609
广　西	225096	31065	82277	13695	68582
海　南	26570	9749	15271	3221	12050
重　庆	157218	18132	120859	17694	103164
四　川	1593805	252260	550902	90871	460031
贵　州	159196	73733	224272	51958	172314
云　南	313537	50328	93626	15548	78078
西　藏	31331	3059	16161	2247	13914
陕　西	496164	63637	278236	54197	224039
甘　肃	154552	25697	159120	38446	120674
青　海	104248	8684	32370	2865	29505
宁　夏	39388	14791	46828	7727	39102
新　疆	173777	27814	131375	17858	113518

2-14 各地区国有建筑业企业应收工程款及企业亏损情况

地 区	应收工程款(万元)	企业个数(个)	#亏损企业个数	亏损企业的比重(%)
全国总计	**86397351**	**3920**	**700**	**17.9**
北 京	7131406	55	12	21.8
天 津	1726516	72	11	15.3
河 北	1771581	117	35	29.9
山 西	2717893	117	24	20.5
内蒙古	767889	25	7	28.0
辽 宁	1726368	195	45	23.1
吉 林	367404	76	14	18.4
黑龙江	600407	79	22	27.8
上 海	2404811	70	7	10.0
江 苏	4898207	218	16	7.3
浙 江	370510	87	11	12.6
安 徽	2812514	122	29	23.8
福 建	1437523	86	11	12.8
江 西	1507082	139	25	18.0
山 东	7029684	398	104	26.1
河 南	2282082	147	29	19.7
湖 北	7822341	230	24	10.4
湖 南	1431067	164	17	10.4
广 东	8907189	263	34	12.9
广 西	838658	96	22	22.9
海 南	108848	13	2	15.4
重 庆	1368159	91	12	13.2
四 川	7875488	359	44	12.3
贵 州	3597718	166	51	30.7
云 南	2937690	102	24	23.5
西 藏	285913	28	5	17.9
陕 西	6429183	149	22	14.8
甘 肃	2695590	106	22	20.8
青 海	544738	22	2	9.1
宁 夏	515048	41	6	14.6
新 疆	1487845	87	11	12.6

2–15 各地区国有建筑业企业主要经济效益指标

地区	产值利润率(%)	产值利税率(%)	资本利润率(%)	资本利税率(%)	人均利润(元/人)	人均利税(元/人)	资产负债率(%)
全国总计	**2.8**	**4.7**	**18.5**	**31.1**	**17932**	**30152**	**78.3**
北　京	2.6	4.1	14.6	22.5	18137	27907	76.6
天　津	2.5	4.0	11.7	18.7	34419	55150	77.9
河　北	0.5	2.3	3.7	17.7	3828	18296	83.8
山　西	3.8	6.6	16.1	27.8	25776	44624	75.4
内蒙古	0.1	1.1	0.4	8.2	375	7655	87.1
辽　宁	3.1	6.1	10.1	20.0	17231	34012	73.7
吉　林	0.4	4.2	0.7	6.6	4608	44165	58.2
黑龙江	-5.4	-2.2	-16.7	-6.7	-22169	-8969	95.6
上　海	2.1	3.0	14.9	21.8	24823	36184	78.9
江　苏	3.6	5.7	28.8	46.2	15707	25149	79.5
浙　江	3.9	6.4	26.6	44.2	22131	36827	81.8
安　徽	2.4	4.2	30.6	52.6	21614	37136	85.2
福　建	2.4	3.6	25.5	37.9	9913	14737	78.4
江　西	1.3	3.3	11.1	28.1	7756	19575	85.5
山　东	3.0	5.1	18.4	30.9	25147	42301	82.9
河　南	2.2	3.8	17.2	29.5	15090	25948	80.6
湖　北	3.8	6.5	34.9	58.7	39476	66369	74.1
湖　南	2.2	4.9	15.2	33.9	11355	25264	70.2
广　东	1.6	3.0	16.4	30.5	8195	15206	81.7
广　西	4.1	5.6	17.5	23.9	30576	41752	73.7
海　南	8.0	12.6	6.4	10.1	66710	105050	53.1
重　庆	2.1	3.8	14.2	25.0	15264	26998	78.8
四　川	4.7	6.3	24.4	32.9	23867	32117	78.4
贵　州	1.5	3.5	7.0	16.9	9650	23245	79.0
云　南	3.9	5.1	31.1	40.4	30548	39671	75.4
西　藏	3.6	5.4	18.4	27.9	57668	87414	77.7
陕　西	3.3	5.2	21.7	33.9	18809	29357	83.0
甘　肃	2.6	5.4	9.5	19.3	15323	31099	71.7
青　海	3.7	4.8	27.3	35.7	44102	57796	74.2
宁　夏	2.3	5.0	19.0	41.7	12989	28431	80.5
新　疆	3.7	6.5	29.3	51.4	23611	41460	79.2

2-16 各地区集体建筑业企业签订合同情况

单位：万元

地区	签订合同额	上年结转合同额	本年新签合同额
全国总计	**53233002**	**20091702**	**33141300**
北京	1970357	1211689	758668
天津	148832	60791	88041
河北	851033	448595	402438
山西	494007	265794	228214
内蒙古	93551	19102	74449
辽宁	861332	197494	663838
吉林	92864	8517	84347
黑龙江	380557	110578	269979
上海	312381	178050	134330
江苏	2696618	378392	2318226
浙江	2396382	1303658	1092724
安徽	1231660	333748	897913
福建	2121886	523259	1598627
江西	4213248	1019109	3194139
山东	5633285	2969827	2663458
河南	2865442	750390	2115051
湖北	599898	87148	512750
湖南	3174709	854134	2320575
广东	9208572	4821406	4387166
广西	2762961	1176058	1586903
海南	223349	73053	150295
重庆	1110793	115779	995014
四川	4593575	1460646	3132928
贵州	771768	446599	325168
云南	1359940	375530	984410
西藏	10602	4838	5764
陕西	1685029	396941	1288087
甘肃	1112119	420093	692026
青海	154632	39758	114874
宁夏	34597	6291	28306
新疆	67027	34436	32591

2-17 各地区集体建筑业企业承包工程完成情况

单位：万元

地　　区	直接从建设单位承揽工程完成的产值	自行完成施工产值	分包出去工程的产值	从建设单位以外承揽工程完成的产值
全国总计	**32794679**	**32505362**	**289316**	**445577**
北　京	672137	614855	57282	14274
天　津	80761	77256	3506	3781
河　北	614011	608661	5350	3625
山　西	314355	314355		
内蒙古	64799	64799		
辽　宁	587206	573978	13228	16129
吉　林	69227	69227		697
黑龙江	223966	223961	5	5971
上　海	151378	137523	13855	3928
江　苏	1341090	1312489	28601	61400
浙　江	1051920	1002485	49435	3435
安　徽	855832	855832		22983
福　建	1788052	1788052		
江　西	3434104	3409711	24393	55330
山　东	2464521	2444371	20150	54990
河　南	2584977	2577159	7819	23333
湖　北	511673	510947	725	7866
湖　南	2585483	2583429	2054	13801
广　东	4274213	4244467	29746	55852
广　西	1751905	1748411	3494	567
海　南	172980	172876	105	620
重　庆	929176	923966	5210	15264
四　川	2722504	2717835	4669	20855
贵　州	447208	441011	6197	6847
云　南	1034920	1034905	15	36727
西　藏	14920	14920		
陕　西	1276236	1269789	6447	13213
甘　肃	584117	584007	110	3070
青　海	127527	120830	6697	
宁　夏	17954	17954		
新　疆	45527	45302	225	1020

2-18 各地区集体企业建筑业总产值和竣工产值

单位：万元

地区	建筑业总产值	#装饰装修产值	#在外省完成的产值	按构成分组			竣工产值
				建筑工程产值	安装工程产值	其他产值	
全国总计	**32950939**	**814089**	**4171810**	**28974631**	**2748107**	**1228201**	**19180143**
北京	629129	61084	169630	614300	7146	7683	605825
天津	81037	1847	9332	56947	22052	2038	15301
河北	612286	24647	37535	559469	28773	24044	309213
山西	314355	25550		288439	24594	1323	121445
内蒙古	64799			64598	202		21442
辽宁	590106	2654	39596	425396	56423	108287	261473
吉林	69924	3073		49988	14052	5884	47100
黑龙江	229932	10	1725	146342	74556	9034	136343
上海	141451	32973	25869	133861	5861	1729	94876
江苏	1373889	63993	444099	1308031	65256	602	1077488
浙江	1005921	31173	140760	910789	80992	14139	386836
安徽	878816	15587	539312	437454	305079	136283	479546
福建	1788052	6677	1300432	1781852	6200		796693
江西	3465041	56902	343995	3194478	153996	116567	1981853
山东	2499360	51733	28114	2323503	156848	19009	1610124
河南	2600491	10108	28246	2179400	149207	271885	1219569
湖北	518813	1045	2903	422354	81721	14738	278530
湖南	2597230	86124	162818	2172701	300150	124379	2129138
广东	4300319	190681	126855	3959835	214139	126345	2419308
广西	1748978	69052		1628691	42037	78250	1063577
海南	173496			163920	3518	6058	318182
重庆	939230	4215	67476	915240	11546	12444	550908
四川	2738690	6731	695695	2057545	640965	40180	1417021
贵州	447858	4916		418553	24011	5294	210270
云南	1071632	17577	1067	942961	76952	51719	597096
西藏	14920	67		14853	67		6385
陕西	1283002	40894	1683	1189215	68635	25151	581685
甘肃	587077	4780	4317	501310	65298	20469	338373
青海	120830		342	75631	45200		79686
宁夏	17954			17954			4052
新疆	46322		8	19021	22632	4669	20806

2-19 各地区集体建筑业企业房屋建筑面积

地 区	房屋施工面积（万平方米）		房屋竣工面积（万平方米）	房屋竣工率（%）
		#本年新开工		
全国总计	**22314**	**9227**	**8065**	**36.1**
北 京	651	153	191	29.3
天 津	1	1	0	33.4
河 北	633	202	184	29.0
山 西	235	91	79	33.7
内蒙古	46	31	18	39.4
辽 宁	223	110	77	34.6
吉 林	8	2	5	70.1
黑龙江	54	43	21	38.0
上 海	51	11	0	0.1
江 苏	990	367	312	31.6
浙 江	1279	373	149	11.7
安 徽	326	270	253	77.6
福 建	2346	767	278	11.8
江 西	1952	1148	1012	51.8
山 东	2118	747	761	35.9
河 南	1915	786	564	29.5
湖 北	344	168	169	49.3
湖 南	1940	1206	1046	53.9
广 东	3361	1036	1053	31.3
广 西	1053	444	438	41.6
海 南	114	52	87	76.2
重 庆	203	149	136	66.8
四 川	636	300	448	70.5
贵 州	347	68	106	30.6
云 南	337	127	208	61.7
西 藏	4	1	3	71.7
陕 西	744	369	297	39.9
甘 肃	377	185	154	40.9
青 海	10	2	10	104.5
宁 夏	14	13	1	5.5
新 疆	5	5	5	100.0

2-20 各地区按主要用途分的集体建筑业企业房屋竣工面积

单位：万平方米

地区	总计	住宅房屋	商业及服务用房屋	办公用房屋	科研、教育和医疗用房屋
全国总计	**8065**	**5553**	**415**	**415**	**407**
北京	191	121	27	18	9
天津	0		0	0	
河北	184	165	3	4	3
山西	79	68		1	0
内蒙古	18	14	0	1	1
辽宁	77	60	1	3	1
吉林	5			5	
黑龙江	21	7		0	1
上海	0				
江苏	312	205	0	9	0
浙江	149	73	1	2	
安徽	253	108	0	33	42
福建	278	246	10	1	5
江西	1012	727	62	51	22
山东	761	594	12	32	40
河南	564	424	24	25	34
湖北	169	136	3	5	10
湖南	1046	687	48	100	85
广东	1053	670	82	39	44
广西	438	209	64	22	50
海南	87	74	3	1	5
重庆	136	101		0	
四川	448	332	38	14	7
贵州	106	75	9	3	2
云南	208	124	8	8	14
西藏	3	2		0	
陕西	297	222	7	30	17
甘肃	154	104	7	6	14
青海	10	1	4	0	1
宁夏	1		0		
新疆	5	4			0

2-20 续表

单位：万平方米

地　区	文化、体育和娱乐用房屋	厂房及建筑物	仓　库	其他未列明的房屋建筑物
全国总计	**53**	**887**	**56**	**278**
北　京		9		5
天　津				0
河　北		7	1	1
山　西		9	0	1
内蒙古	0			1
辽　宁		11	0	2
吉　林				
黑龙江		12		0
上　海		0		
江　苏	0	98	0	0
浙　江	1	70	0	3
安　徽	10	52	4	3
福　建		16		0
江　西	5	117	11	18
山　东	2	56	4	20
河　南	2	37	11	7
湖　北		10	2	4
湖　南	2	74	9	40
广　东	23	166	6	23
广　西	3	28	1	62
海　南	0	1		3
重　庆		2		33
四　川	2	49	4	2
贵　州	0	1		15
云　南	2	31	1	20
西　藏				
陕　西		17	0	3
甘　肃	0	13	0	11
青　海	1	1	0	1
宁　夏		0		
新　疆		0		

2-21 各地区按主要用途分的集体建筑业企业房屋竣工价值

单位：万元

地 区	总计	住宅房屋	商业及服务用房屋	办公用房 屋	科研、教育和医疗用房屋
全国总计	**13007942**	**9011239**	**741705**	**602609**	**676472**
北 京	471341	286749	67624	52051	28048
天 津	859		696	36	
河 北	261423	224914	4948	7197	10530
山 西	92404	86286		1221	370
内蒙古	20630	15485	674	1049	1478
辽 宁	106458	70724	955	8642	1621
吉 林	4977			4977	
黑龙江	50140	8864		458	3158
上 海	14				
江 苏	628270	407841	50	18218	200
浙 江	271856	147685	9154	3705	
安 徽	267981	121120	415	33787	36731
福 建	624852	565419	12000	2479	14529
江 西	1422358	1032488	92634	71782	26877
山 东	1219247	919058	26365	67767	68468
河 南	780256	565265	45360	29536	32384
湖 北	209928	168421	2888	5787	9993
湖 南	1318631	869755	85551	103187	105845
广 东	1908427	1244925	147032	48712	141181
广 西	746364	398394	105124	35977	80493
海 南	287749	266364	4071	2736	7691
重 庆	272322	176452		765	
四 川	715427	534966	68148	19062	15388
贵 州	162438	120678	12968	5342	4975
云 南	346435	207405	13942	14422	24766
西 藏	6383	5685		699	
陕 西	479693	365926	11809	51399	27314
甘 肃	289197	190602	13322	10402	30169
青 海	30743	2256	15212	1216	2909
宁 夏	1883		763		
新 疆	9255	7514			1353

2-21 续表

单位：万元

地　区	文化、体育和娱乐用房屋	厂房及建筑物	仓　库	其他未列明的房屋建筑物
全国总计	**64136**	**1377805**	**80806**	**453170**
北　京		22115		14754
天　津				128
河　北		10860	1792	1182
山　西		2116	32	2380
内蒙古	60			1885
辽　宁		21332	41	3144
吉　林				
黑龙江		34640		3022
上　海		14		
江　苏	993	200202	80	687
浙　江	1500	103365	1200	5247
安　徽	10867	55891	3762	5409
福　建		28659		1766
江　西	5139	156780	12293	24364
山　东	2772	89028	8330	37460
河　南	7192	77545	16043	6931
湖　北		15978	1907	4953
湖　南	2960	91028	17302	43005
广　东	17434	256483	9021	43640
广　西	6165	44795	902	74514
海　南	480	1453		4954
重　庆		2431		92674
四　川	2057	67829	5262	2714
贵　州	136	782		17557
云　南	3867	47574	1327	33133
西　藏				
陕　西		19599	655	2992
甘　肃	464	23000	68	21170
青　海	2051	2799	792	3509
宁　夏		1120		
新　疆		388		

2-22 各地区集体建筑业企业主要生产效益指标

地　　区	建筑业企业个数（个）	从事建筑业活动的平均人数（人）	按总产值计算的劳动生产率（元/人）	人均竣工产值（元/人）	人均施工面积（平方米/人）	人均竣工面积（平方米/人）
全国总计	**1928**	**964197**	**341745**	**198923**	**231.4**	**83.6**
北　京	51	9692	649122	625077	671.3	196.8
天　津	19	2279	355580	67139	6.1	2.0
河　北	48	12096	506189	255633	523.6	152.0
山　西	37	6797	462491	178675	345.1	116.3
内蒙古	6	2496	259612	85907	183.2	72.1
辽　宁	112	19779	298350	132197	112.8	39.0
吉　林	17	1153	606450	408500	65.8	46.1
黑龙江	37	4165	552058	327355	130.0	49.4
上　海	19	3392	417013	279704	151.8	0.1
江　苏	63	53185	258323	202592	186.1	58.7
浙　江	54	32227	312136	120035	396.8	46.3
安　徽	48	25834	340178	185626	126.2	97.9
福　建	25	59681	299602	133492	393.0	46.5
江　西	128	75778	457262	261534	257.6	133.5
山　东	268	71122	351419	226389	297.9	107.0
河　南	87	55782	466188	218631	343.2	101.2
湖　北	49	13752	377264	202538	249.8	123.0
湖　南	117	87866	295590	242316	220.8	119.0
广　东	202	130305	330020	185665	257.9	80.8
广　西	115	52571	332689	202312	200.3	83.4
海　南	10	3351	517744	949513	339.3	258.6
重　庆	30	27722	338803	198726	73.4	49.0
四　川	94	111829	244900	126713	56.9	40.1
贵　州	37	12046	371790	174556	287.7	88.1
云　南	82	26613	402673	224363	126.7	78.1
西　藏	4	336	444039	190015	105.7	75.8
陕　西	92	34183	375333	170168	217.6	86.8
甘　肃	51	24197	242624	139841	155.7	63.7
青　海	12	2591	466346	307550	37.9	39.6
宁　夏	6	696	257955	58220	203.6	11.2
新　疆	8	681	680207	305517	73.9	73.9

2-23 各地区集体建筑业企业资产构成

单位：万元

地　区	资产总计	流动资产合计	#存货
全国总计	**20562997**	**17051823**	**3773526**
北　京	1181319	1071966	297050
天　津	280279	213925	16123
河　北	352370	290779	24942
山　西	567664	533196	253377
内蒙古	71982	67600	49189
辽　宁	1062221	882054	110406
吉　林	79294	72876	17644
黑龙江	336647	289318	79826
上　海	129504	119450	19318
江　苏	816491	722974	125295
浙　江	731026	629879	181132
安　徽	278771	225582	46078
福　建	621681	532213	147082
江　西	1701277	1301966	370481
山　东	3075842	2727645	596406
河　南	539636	361674	51726
湖　北	201069	150840	26261
湖　南	837718	566154	137078
广　东	2515684	2180885	474468
广　西	962900	808979	113017
海　南	111421	94190	4062
重　庆	301492	253982	81227
四　川	896610	731948	222872
贵　州	489682	447338	85250
云　南	564005	407583	35673
西　藏	20428	17909	7334
陕　西	1104464	744468	119060
甘　肃	452516	378891	55060
青　海	97059	78789	726
宁　夏	90121	80417	5562
新　疆	91826	66354	19800

2-24 各地区集体建筑业企业固定资产情况

单位：万元

地 区	固定资产原价	累计折旧	#本年折旧	在建工程
全国总计	**2698853**	**1142950**	**122333**	**498718**
北 京	115995	49296	4232	348
天 津	12155	6996	1030	225
河 北	46920	11863	1000	4048
山 西	41082	17992	2643	823
内蒙古	6958	2601	428	
辽 宁	137684	65577	4118	3113
吉 林	14115	8280	1206	280
黑龙江	59114	27660	2563	10465
上 海	12303	6004	347	5045
江 苏	100998	54866	3038	9005
浙 江	120108	54876	4928	5210
安 徽	61125	27314	3131	33587
福 建	34792	12883	935	2071
江 西	238785	79481	11466	54963
山 东	272066	123659	15493	19076
河 南	139854	52931	6155	10863
湖 北	71971	44493	3900	3505
湖 南	162717	56356	7519	46494
广 东	291799	128089	11925	42623
广 西	110075	39603	3187	19096
海 南	4801	3209	25	108
重 庆	39025	13270	2295	6395
四 川	143201	75073	6550	8057
贵 州	35630	9866	3658	21795
云 南	97859	41609	5736	15889
西 藏	1933	105	19	7349
陕 西	188970	69340	10127	160741
甘 肃	93448	39808	3550	3623
青 海	17269	9284	650	185
宁 夏	7517	4262	149	14
新 疆	18586	6306	333	3724

2-25 各地区集体建筑业企业负债及所有者权益

单位：万元

地 区	负债合计	#流动负债	#应付账款	所有者权益	#实收资本
全国总计	**13846386**	**12748888**	**3939770**	**6716611**	**3560973**
北 京	870327	866745	239885	310992	174183
天 津	195596	198187	36451	84683	69090
河 北	236667	235166	68247	115703	58734
山 西	501423	496032	134364	66242	54668
内蒙古	62917	59805	6671	9065	13276
辽 宁	834826	792424	210557	227396	155925
吉 林	61909	61857	40067	17385	14774
黑龙江	236390	209191	102240	100256	46105
上 海	82506	82506	39308	46998	27929
江 苏	497453	444293	171215	319038	108455
浙 江	494173	481390	114291	236854	129963
安 徽	162426	133824	26714	116345	42417
福 建	403882	361436	31616	217799	86297
江 西	1091253	870843	278776	610024	315377
山 东	2445608	2342555	739489	630234	402991
河 南	234148	190537	58271	305488	156446
湖 北	68074	62358	37157	132996	63998
湖 南	466340	411501	115935	371378	243516
广 东	1751461	1630550	437039	764222	351926
广 西	600100	574203	173603	362800	208641
海 南	45655	44039	28312	65765	7136
重 庆	214076	194717	20121	87416	52617
四 川	558926	487548	217792	337683	182978
贵 州	344518	310913	34068	145164	70764
云 南	331718	249363	120411	232288	111560
西 藏	10827	10309	4355	9601	6878
陕 西	552393	469048	189807	552071	263246
甘 肃	301355	293410	152607	151161	85860
青 海	65757	65348	57045	31303	16083
宁 夏	60783	60681	32345	29338	19843
新 疆	62901	58110	21013	28925	19297

2-26 各地区集体建筑业企业收入情况

单位：万元

地　区	主营业务收入	主营业务成本	主营业务税金及附加	其他业务收入	其他业务利润
全国总计	**27427772**	**24887553**	**533733**	**482702**	**21358**
北　京	1042461	979336	3456	6765	4509
天　津	99732	89536	563	4316	24
河　北	561601	536377	3306	1595	13
山　西	301973	291007	1705	574	225
内蒙古	58718	54215	298	11	2
辽　宁	566421	521751	6622	56476	402
吉　林	69047	61273	702	41	
黑龙江	189999	161311	1998	44329	2
上　海	173076	164086	508	1372	547
江　苏	1020884	911272	10281	1265	112
浙　江	902403	857918	5098	35554	2640
安　徽	794213	696252	28359	204	19
福　建	1059032	1006931	6014	6193	1408
江　西	2428645	2193423	59518	60834	4767
山　东	2132115	1981364	25582	67303	624
河　南	1990512	1701027	97007	17738	18
湖　北	466224	410872	7534	605	-32
湖　南	2111266	1817121	63130	10551	790
广　东	4151848	3845122	68131	11893	1624
广　西	1211019	1131197	13260	8161	735
海　南	186419	174324	983	40	40
重　庆	798207	716081	16603	847	506
四　川	2105817	1863410	36553	26386	1102
贵　州	263832	242926	4757	14037	302
云　南	807088	720948	20286	2321	366
西　藏	17392	18002	69		
陕　西	1172691	1075237	40142	35834	391
甘　肃	520595	481508	9706	67427	224
青　海	146185	123682	969	22	
宁　夏	19551	17976	128	12	
新　疆	58808	42068	466		

2–27 各地区集体建筑业企业费用情况

单位：万元

地区	管理费用	销售费用	研发费用	财务费用	#利息收入	#利息支出
全国总计	**1000478**	**113954**	**18158**	**80875**	**19085**	**37961**
北京	53160	332		-579	830	471
天津	7352	5		8	19	0
河北	10016	603		453	-10	37
山西	7299	1149		88	-18	94
内蒙古	1730			316	-2	1
辽宁	41036	329	0	1685	377	77
吉林	5838			2	0	1
黑龙江	35808	216		-76	58	1
上海	8283	54		-158	84	8
江苏	49683	1328	1467	1507	1921	2964
浙江	27249	2023	915	1323	140	1651
安徽	36398	1800		530	-54	92
福建	21309	50	6519	7470	352	4858
江西	67786	8392	0	14889	119	10751
山东	73610	4787	22	10327	227	4222
河南	60159	18708		7436	187	985
湖北	19236	6195	31	2789	71	1013
湖南	83852	19863	3470	6488	416	709
广东	115158	9247	4233	1620	-116	901
广西	42587	1650		1274	217	1085
海南	2388	1		116	0	1
重庆	17640	6615		-302	857	105
四川	95464	20234	754	17169	152	4660
贵州	12429	139		936	3	14
云南	28416	3489		2619	597	816
西藏	1015			-2		
陕西	36183	5748		1069	785	1198
甘肃	16645	989		1021	11741	221
青海	15784	0	746	-74	-9	0
宁夏	1302			49	-6	1
新疆	5666	11		882	147	1022

2-28 各地区集体建筑业企业利润及税金情况

单位：万元

地区	利润总额	#所得税费用	税金总额	主营业务税金及附加	应交增值税
全国总计	**918307**	**209882**	**1441717**	**533733**	**907984**
北京	12224	4107	22644	3456	19188
天津	551	440	2075	563	1513
河北	11755	3059	16178	3306	12872
山西	1726	764	9161	1705	7456
内蒙古	2277	590	2038	298	1740
辽宁	-3133	1147	24104	6622	17482
吉林	189	525	1782	702	1080
黑龙江	-5412	741	8579	1998	6581
上海	1448	368	4439	508	3931
江苏	51008	12044	40343	10281	30062
浙江	16536	3927	27589	5098	22492
安徽	36850	2953	73732	28359	45373
福建	22464	8409	17399	6014	11385
江西	100672	21924	143644	59518	84125
山东	57416	10845	101214	25582	75632
河南	119453	17815	163503	97007	66496
湖北	21502	4050	23762	7534	16228
湖南	70938	14864	133207	63130	70076
广东	130366	46048	241788	68131	173657
广西	25905	6391	57855	13260	44596
海南	9060	2721	8273	983	7290
重庆	41817	9743	27268	16603	10664
四川	94216	19031	103474	36553	66921
贵州	8693	2606	15138	4757	10381
云南	39915	5763	49716	20286	29430
西藏	-1689	10	75	69	6
陕西	35681	5537	83050	40142	42908
甘肃	13122	2864	30485	9706	20779
青海	1461	329	5960	969	4991
宁夏	77	3	664	128	536
新疆	1219	266	2580	466	2114

2-29 各地区集体建筑业企业应收工程款及企业亏损情况

地 区	应收工程款 (万元)	企业个数 (个)	#亏损企业个数	亏损企业的比重 (%)
全国总计	**3827582**	**1928**	**417**	**21.6**
北 京	168776	51	15	29.4
天 津	25996	19	7	36.8
河 北	80905	48	14	29.2
山 西	128626	37	14	37.8
内 蒙 古	3107	6	1	16.7
辽 宁	120325	112	43	38.4
吉 林	17170	17	8	47.1
黑 龙 江	103353	37	11	29.7
上 海	14465	19	2	10.5
江 苏	196681	63	7	11.1
浙 江	122779	54	13	24.1
安 徽	66934	48	10	20.8
福 建	53391	25	5	20.0
江 西	180453	128	11	8.6
山 东	706508	268	72	26.9
河 南	60107	87	12	13.8
湖 北	55923	49	6	12.2
湖 南	131200	117	12	10.3
广 东	432129	202	33	16.3
广 西	192590	115	30	26.1
海 南	6209	10	1	10.0
重 庆	47791	30	10	33.3
四 川	229432	94	13	13.8
贵 州	102581	37	10	27.0
云 南	122241	82	20	24.4
西 藏	8022	4	2	50.0
陕 西	218764	92	16	17.4
甘 肃	134062	51	12	23.5
青 海	48142	12	4	33.3
宁 夏	33621	6	2	33.3
新 疆	15303	8	1	12.5

2-30 各地区集体建筑业企业主要经济效益指标

地区	产值利润率(%)	产值利税率(%)	资本利润率(%)	资本利税率(%)	人均利润(元/人)	人均利税(元/人)	资产负债率(%)
全国总计	**2.8**	**7.2**	**25.8**	**66.3**	**9524**	**24477**	**67.3**
北京	1.9	5.5	7.0	20.0	12612	35976	73.7
天津	0.7	3.2	0.8	3.8	2416	11522	69.8
河北	1.9	4.6	20.0	47.6	9718	23093	67.2
山西	0.5	3.5	3.2	19.9	2540	16017	88.3
内蒙古	3.5	6.7	17.1	32.5	9121	17286	87.4
辽宁	-0.5	3.6	-2.0	13.4	-1584	10603	78.6
吉林	0.3	2.8	1.3	13.3	1640	17095	78.1
黑龙江	-2.4	1.4	-11.7	6.9	-12994	7603	70.2
上海	1.0	4.2	5.2	21.1	4270	17357	63.7
江苏	3.7	6.6	47.0	84.2	9591	17176	60.9
浙江	1.6	4.4	12.7	34.0	5131	13692	67.6
安徽	4.2	12.6	86.9	260.7	14264	42805	58.3
福建	1.3	2.2	26.0	46.2	3764	6679	65.0
江西	2.9	7.1	31.9	77.5	13285	32241	64.1
山东	2.3	6.3	14.2	39.4	8073	22304	79.5
河南	4.6	10.9	76.4	180.9	21414	50725	43.4
湖北	4.1	8.7	33.6	70.7	15636	32915	33.9
湖南	2.7	7.9	29.1	83.8	8073	23234	55.7
广东	3.0	8.7	37.0	105.7	10005	28560	69.6
广西	1.5	4.8	12.4	40.1	4928	15933	62.3
海南	5.2	10.0	127.0	242.9	27037	51725	41.0
重庆	4.5	7.4	79.5	131.3	15084	24920	71.0
四川	3.4	7.2	51.5	108.0	8425	17678	62.3
贵州	1.9	5.3	12.3	33.7	7217	19783	70.4
云南	3.7	8.4	35.8	80.3	14998	33679	58.8
西藏	-11.3	-10.8	-24.6	-23.5	-50277	-48039	53.0
陕西	2.8	9.3	13.6	45.1	10438	34734	50.0
甘肃	2.2	7.4	15.3	50.8	5423	18022	66.6
青海	1.2	6.1	9.1	46.1	5638	28641	67.7
宁夏	0.4	4.1	0.4	3.7	1112	10645	67.4
新疆	2.6	8.2	6.3	19.7	17905	55784	68.5

2-31 各地区私营建筑业企业签订合同情况

单位：万元

地区	签订合同额	上年结转合同额	本年新签合同额
全国总计	**2188522410**	**881271570**	**1307250840**
北京	17828678	7504064	10324614
天津	12075798	4783775	7292024
河北	50083151	21862684	28220467
山西	30464106	11545619	18918487
内蒙古	14491197	7098323	7392874
辽宁	26984372	7842837	19141535
吉林	24138175	9431775	14706400
黑龙江	8026965	2853402	5173563
上海	35192691	16860536	18332155
江苏	356456767	138027406	218429361
浙江	295904566	147307683	148596883
安徽	79471134	27059389	52411745
福建	200840669	79915999	120924671
江西	72937669	21969127	50968543
山东	111783127	41642467	70140660
河南	97162990	31616802	65546187
湖北	90806842	30537575	60269267
湖南	85630424	34679083	50951341
广东	150646913	68719192	81927721
广西	51117208	24018664	27098544
海南	1961279	1164717	796563
重庆	85886487	28596729	57289758
四川	144826932	56328894	88498038
贵州	25486479	14039838	11446641
云南	37637001	11092562	26544439
西藏	1440204	696435	743769
陕西	34742324	15039675	19702650
甘肃	13949018	6424111	7524906
青海	4010202	1718317	2291884
宁夏	5949482	1920122	4029360
新疆	20589562	8973770	11615792

2-32 各地区私营建筑业企业承包工程完成情况

单位：万元

地　区	直接从建设单位承揽工程完成的产值	自行完成施工产值	分包出去工程的产值	从建设单位以外承揽工程完成的产值
全国总计	**1287480040**	**1269679803**	**17800237**	**78990417**
北　京	9564144	8757725	806419	2491449
天　津	6683497	6176075	507421	1832900
河　北	25791654	25609412	182242	1071153
山　西	18701800	18519540	182259	1443487
内 蒙 古	6353576	6317424	36152	78393
辽　宁	17882801	17398321	484480	710865
吉　林	13550192	13472186	78005	509312
黑 龙 江	4517496	4479309	38188	113622
上　海	18487582	17417011	1070571	3301139
江　苏	227245788	226575570	670219	20644133
浙　江	150911097	149084436	1826662	5982241
安　徽	50232975	49886734	346241	4379642
福　建	117290078	116992913	297165	4131068
江　西	51853612	51021551	832061	3618716
山　东	63413764	61734643	1679121	2649131
河　南	65503854	64555813	948042	2552074
湖　北	61741377	61018860	722517	2206088
湖　南	54931854	54289062	642792	1951059
广　东	69143154	66264574	2878580	5562685
广　西	27750036	27517863	232174	886546
海　南	758788	741536	17252	21884
重　庆	62345731	61262132	1083599	3489956
四　川	80464518	79274410	1190107	5361014
贵　州	11323521	11199894	123627	520601
云　南	26018317	25804061	214256	1342233
西　藏	863582	856707	6875	21800
陕　西	20677433	20273613	403820	1473356
甘　肃	6587319	6552081	35238	156080
青　海	2016351	1997400	18952	42851
宁　夏	3692441	3664310	28131	65190
新　疆	11181709	10964639	217070	379750

2–33 各地区私营企业建筑业总产值和竣工产值

单位：万元

地 区	建筑业总产值	#装饰装修产 值	#在外省完成的产值	按构成分组			竣工产值
				建筑工程产 值	安装工程产 值	其他产值	
全国总计	**1348670221**	**73957655**	**322223959**	**1181700700**	**114574662**	**52394859**	**679560540**
北 京	11249174	3033486	4821516	9898640	1225280	125255	6908195
天 津	8008976	398933	1740795	6092633	1440533	475810	2081428
河 北	26680565	1578759	3897662	22173677	2807929	1698959	14322721
山 西	19963027	923941	3123035	16741852	2210277	1010898	7983755
内蒙古	6395817	126960	494107	5696276	259804	439737	2962499
辽 宁	18109186	962829	3288442	14820955	2495227	793005	7925891
吉 林	13981499	408909	1762007	12173206	1168910	639382	7652498
黑龙江	4592930	181418	482020	3858889	454022	280019	1932594
上 海	20718150	2916562	6418894	17020928	3196464	500759	12065751
江 苏	247219702	14864134	94813674	229828716	14869879	2521108	171616685
浙 江	155066677	9956339	40590605	139634837	11420881	4010959	80352468
安 徽	54266376	1798154	7304646	44656961	4270546	5338870	22355345
福 建	121123981	4011000	61670260	112521769	6674473	1927739	50658083
江 西	54640267	2817081	16757492	47074538	3512243	4053486	23773301
山 东	64383775	4164683	9324173	50906964	11152351	2324460	30538634
河 南	67107886	2565390	6604424	57356868	6509856	3241162	32262570
湖 北	63224948		10729357	54522633	6609530	2092785	33787649
湖 南	56240120	2094591	9108068	45962109	6410104	3867908	30013515
广 东	71827259	8374704	10154919	60308097	8012652	3506510	24798676
广 西	28404408	1158008	2225060	23522443	2285575	2596391	12210703
海 南	763420	57202	17283	674166	48910	40344	236165
重 庆	64752088	2683522	9924582	58324600	4254265	2173223	27537287
四 川	84635425	2713658	10767329	73189697	6819335	4626393	39628084
贵 州	11720495	244212	583730	10071944	1075126	573425	4032008
云 南	27146294	801517	780751	23692900	1797117	1656277	13118387
西 藏	878507	19482	16129	815759	27115	35633	435061
陕 西	21746970	813168	2873679	18786092	1972697	988182	6447910
甘 肃	6708162	174757	755725	5889782	537687	280693	3491174
青 海	2040250	15148	66426	1833648	176586	30016	782051
宁 夏	3729501	44950	201001	3336749	264182	128570	1923294
新 疆	11344388	248931	926169	10312375	615110	416903	5726159

2-34 各地区私营建筑业企业房屋建筑面积

地 区	房屋施工面积（万平方米）	#本年新开工	房屋竣工面积（万平方米）	房屋竣工率（%）
全国总计	**703702**	**258316**	**224828**	**31.9**
北 京	999	158	270	27.0
天 津	2005	540	437	21.8
河 北	15112	5454	4675	30.9
山 西	7061	3114	2026	28.7
内 蒙 古	3059	1169	895	29.3
辽 宁	9382	3248	2339	24.9
吉 林	5474	2798	2067	37.8
黑 龙 江	1175	647	328	27.9
上 海	8233	2648	1696	20.6
江 苏	182320	60634	51205	28.1
浙 江	116607	36120	29235	25.1
安 徽	25032	10280	9927	39.7
福 建	63130	19791	15044	23.8
江 西	18484	9282	8661	46.9
山 东	37986	15145	11698	30.8
河 南	28137	12263	11553	41.1
湖 北	32663	15891	13178	40.3
湖 南	24808	11392	11379	45.9
广 东	28487	9252	9235	32.4
广 西	10987	3620	4229	38.5
海 南	222	52	81	36.3
重 庆	22853	8921	9992	43.7
四 川	32071	13912	14496	45.2
贵 州	4717	1699	1317	27.9
云 南	7279	3455	3860	53.0
西 藏	162	61	102	62.6
陕 西	6277	2421	1949	31.0
甘 肃	2333	900	921	39.5
青 海	743	214	232	31.2
宁 夏	1019	599	372	36.5
新 疆	4883	2637	1431	29.3

2−35 各地区按主要用途分的私营建筑业企业房屋竣工面积

单位：万平方米

地 区	总计	住宅房屋	商业及服务用房屋	办公用房 屋	科研、教育和医疗用房屋
全国总计	**224828**	**147748**	**12798**	**8919**	**9076**
北 京	270	98	59	7	4
天 津	437	239	36	10	10
河 北	4675	3329	142	238	222
山 西	2026	1395	123	50	80
内 蒙 古	895	716	35	17	48
辽 宁	2339	1735	104	67	77
吉 林	2067	1468	67	61	74
黑 龙 江	328	220	8	9	26
上 海	1696	1008	53	48	53
江 苏	51205	36531	1289	1575	1622
浙 江	29235	14318	2038	1149	1122
安 徽	9927	6080	555	393	392
福 建	15044	10281	1129	650	431
江 西	8661	5300	568	668	425
山 东	11698	7890	378	734	513
河 南	11553	8585	687	470	551
湖 北	13178	8932	1003	582	568
湖 南	11379	7637	1070	422	675
广 东	9235	5601	379	249	414
广 西	4229	2258	400	251	458
海 南	81	66	2	5	2
重 庆	9992	7220	646	377	142
四 川	14496	10552	1133	391	543
贵 州	1317	865	95	44	115
云 南	3860	2474	329	184	215
西 藏	102	47	26	7	8
陕 西	1949	1220	240	119	103
甘 肃	921	543	54	61	61
青 海	232	182	7	12	8
宁 夏	372	201	43	7	25
新 疆	1431	755	100	61	87

2-35 续表

单位：万平方米

地　区	文化、体育和娱乐用房屋	厂房及建筑物	仓　库	其他未列明的房屋建筑物
全国总计	**1833**	**36311**	**1683**	**6460**
北　京	12	65		26
天　津	0	116	0	26
河　北	13	564	25	142
山　西	18	244	12	104
内蒙古	16	43	5	14
辽　宁	7	300	7	42
吉　林	53	236	2	107
黑龙江	3	24	4	32
上　海	6	343	151	33
江　苏	367	8768	296	756
浙　江	276	9140	495	695
安　徽	59	2081	54	313
福　建	55	2191	64	242
江　西	86	1212	67	334
山　东	110	1771	76	227
河　南	91	781	68	321
湖　北	81	1532	43	437
湖　南	114	1092	46	324
广　东	69	2174	31	317
广　西	102	434	70	256
海　南	1	2	0	2
重　庆	24	1060	42	482
四　川	102	1225	55	495
贵　州	9	73	9	107
云　南	49	347	19	243
西　藏	1	2	5	6
陕　西	14	152	11	89
甘　肃	65	42	3	93
青　海	3	1	0	18
宁　夏	13	71	4	8
新　疆	14	227	19	169

2-36 各地区按主要用途分的私营建筑业企业房屋竣工价值

单位：万元

地　区	总计	住宅房屋	商业及服务用房屋	办公用房　屋	科研、教育和医疗用房屋
全国总计	**403245019**	**267669976**	**24405353**	**17002522**	**19222035**
北　京	800692	208989	249639	19786	20395
天　津	503644	275847	24458	14965	16452
河　北	10421347	8354793	274590	319891	475576
山　西	3337683	2395728	204730	105543	153674
内蒙古	1594153	1140415	69847	36018	132157
辽　宁	4005516	3061767	108193	104693	84935
吉　林	3296583	2246143	123085	163701	194788
黑龙江	588305	352940	16886	19686	93939
上　海	4488352	2823970	134897	160600	156499
江　苏	105396418	75202452	2930834	3711640	4243026
浙　江	55389181	28966835	4747531	2196045	2780283
安　徽	13839420	8689084	854021	559135	568998
福　建	30277859	21106079	2509346	1220566	1038421
江　西	14398112	8577751	975621	1774175	704042
山　东	18914992	12236461	664552	1117011	1184129
河　南	16794565	12552409	896684	691768	849098
湖　北	21436795	14263749	1863966	990821	1035316
湖　南	17665070	11777435	1678830	638978	1241710
广　东	14135477	8480788	610157	501063	828046
广　西	7302304	4052170	661647	479018	807694
海　南	116715	83592	5574	10421	4006
重　庆	15925009	11417584	1276675	493091	244397
四　川	25174101	18346267	2030941	702871	1048978
贵　州	2133553	1424268	167538	75324	218621
云　南	6643034	4365748	525037	355642	446531
西　藏	218621	116500	34031	16829	13362
陕　西	3230725	2059278	369638	174391	220686
甘　肃	1533057	1021452	85862	129717	119954
青　海	502847	372834	17593	36306	20186
宁　夏	839899	528668	92668	17137	79518
新　疆	2340990	1167980	200286	165695	196621

2-36 续表 单位：万元

地　区	文化、体育和娱乐用房屋	厂房及建筑物	仓　库	其他未列明的房屋建筑物
全国总计	**4072697**	**56974945**	**3032466**	**10865024**
北　京	87824	149038		65022
天　津	889	159336	483	11214
河　北	32476	736070	47150	180800
山　西	39715	317750	10784	109760
内蒙古	84841	90386	9062	31426
辽　宁	5210	522927	31408	86384
吉　林	114424	343245	12166	99030
黑龙江	14534	31202	5251	53866
上　海	21983	768858	325955	95590
江　苏	979412	16214329	546507	1568218
浙　江	882220	13107012	972446	1736810
安　徽	87755	2715311	72561	292555
福　建	137314	3719597	115390	431146
江　西	126427	1588766	78499	572832
山　东	290798	2889755	102775	429513
河　南	121810	1056270	89430	537097
湖　北	162222	2350735	62765	707222
湖　南	195986	1575927	52963	503243
广　东	73640	3170645	49932	421207
广　西	178383	683953	105130	334309
海　南	2249	6127	98	4649
重　庆	51959	1633210	113423	694669
四　川	231254	1841633	100816	871342
贵　州	14388	94453	6923	132037
云　南	67611	451685	37545	393236
西　藏	942	7116	12220	17622
陕　西	31106	195530	23516	156581
甘　肃	11091	70630	4684	89668
青　海	6341	5151	629	43809
宁　夏	2070	101733	4390	13716
新　疆	15820	376566	37566	180455

2-37 各地区私营建筑业企业主要生产效益指标

地区	建筑业企业个数(个)	从事建筑业活动的平均人数(人)	按总产值计算的劳动生产率(元/人)	人均竣工产值(元/人)	人均施工面积(平方米/人)	人均竣工面积(平方米/人)
全国总计		**35442549**	**380523**	**191736**	**198.5**	**63.4**
北京	1657	259931	432775	265770	38.4	10.4
天津	1714	334274	239593	62267	60.0	13.1
河北	2612	530840	502610	269812	284.7	88.1
山西	3219	491198	406415	162536	143.8	41.3
内蒙古	855	147968	432243	200212	206.7	60.5
辽宁	4786	359769	503356	220305	260.8	65.0
吉林	2371	254065	550312	301202	215.5	81.4
黑龙江	1614	112574	407992	171673	104.3	29.1
上海	1706	372723	555859	323719	220.9	45.5
江苏	10332	7723886	320072	222190	236.0	66.3
浙江	8031	4101451	378078	195912	284.3	71.3
安徽	6075	1348537	402409	165775	185.6	73.6
福建	7421	3949477	306684	128265	159.8	38.1
江西	3584	1083823	504144	219347	170.5	79.9
山东	6935	1408486	457113	216819	269.7	83.1
河南	6846	1799253	372976	179311	156.4	64.2
湖北	3886	1231170	513535	274435	265.3	107.0
湖南	2712	1476319	380948	203300	168.0	77.1
广东	6622	1603231	448016	154679	177.7	57.6
广西	1876	587832	483206	207724	186.9	71.9
海南	92	13336	572450	177088	166.6	60.5
重庆	2967	1672842	387078	164614	136.6	59.7
四川	6422	2442052	346575	162274	131.3	59.4
贵州	1470	251893	465297	160068	187.3	52.3
云南	2818	710869	381875	184540	102.4	54.3
西藏	284	28926	303708	150405	56.1	35.1
陕西	2801	573839	378973	112364	109.4	34.0
甘肃	1499	174833	383690	199686	133.4	52.7
青海	295	38972	523517	200670	190.7	59.5
宁夏	539	122219	305149	157365	83.4	30.4
新疆	1246	235961	480774	242674	206.9	60.7

2−38 各地区私营建筑业企业资产构成

单位：万元

地区	资产总计	流动资产合计	#存货
全国总计	**1009762646**	**860720198**	**162036370**
北京	18766133	16565003	1992478
天津	11141888	9784383	792391
河北	33512647	28197734	5819096
山西	19510625	16751128	3130564
内蒙古	13079599	10816141	1967391
辽宁	29086990	24404811	3332064
吉林	17841298	15143620	2431968
黑龙江	7002386	5910485	1207324
上海	28447913	25591947	3076489
江苏	146596328	125575295	31698057
浙江	104720237	90112196	17823483
安徽	36099306	30457600	5056916
福建	55828804	46909858	7697834
江西	28155089	22987168	5574515
山东	67699363	57816916	12987335
河南	52932442	43529988	7981213
湖北	37629374	31289015	6738826
湖南	27071597	21984508	4170587
广东	80312623	72440297	9637936
广西	16295394	14396043	1787360
海南	837882	762705	81231
重庆	33566930	28418061	5412263
四川	49969858	40722443	8157224
贵州	14998449	13563965	2336800
云南	19926550	17172898	2457771
西藏	2617773	2204543	205713
陕西	23488411	20188918	3732758
甘肃	11107811	8875987	1601169
青海	2544647	2105966	473571
宁夏	4693214	4074156	819025
新疆	14281084	11966421	1855016

2-39 各地区私营建筑业企业固定资产情况

单位：万元

地区	固定资产原价	累计折旧	#本年折旧	在建工程
全国总计	**96757062**	**44692780**	**6451313**	**15696355**
北京	1495971	771596	104984	96722
天津	944439	483016	56966	77859
河北	3078280	1446010	168952	489675
山西	2341076	1111254	183569	396600
内蒙古	1473999	736288	100106	268984
辽宁	3037525	1680200	156286	516976
吉林	1558931	759238	101528	281677
黑龙江	845696	419870	50327	118654
上海	2199813	1203946	120085	142259
江苏	16179544	7434706	1134500	2308952
浙江	10171575	4958701	596430	864529
安徽	3453068	1463727	244381	817095
福建	6140860	2896507	412669	564654
江西	2555029	1044609	212934	533350
山东	6547720	2944722	447295	916311
河南	5870373	2297589	356565	993243
湖北	4659405	2074688	295483	718185
湖南	3131891	1275116	194288	899386
广东	4698500	2239661	333502	698371
广西	1167958	541673	92780	270093
海南	62478	31109	6180	3142
重庆	2464544	1080333	185202	621331
四川	3858270	1868250	287341	1337904
贵州	498431	174025	47058	454948
云南	2310307	1130130	170793	485250
西藏	242652	64786	16223	59950
陕西	2360699	1037525	169513	377866
甘肃	1029351	369980	61421	150892
青海	331284	164983	19162	27795
宁夏	473618	216653	39380	38223
新疆	1573779	771890	85412	165481

2-40 各地区私营建筑业企业负债及所有者权益

单位：万元

地区	负债合计	#流动负债	#应付账款	所有者权益	#实收资本
全国总计	**630986008**	**584791597**	**217815713**	**378776638**	**213203317**
北京	13399671	12905210	5509654	5366463	3874586
天津	7884990	7507041	3173864	3256898	2237044
河北	22780437	20959823	8488280	10732210	6402679
山西	12354837	11944217	5613356	7155789	5261846
内蒙古	9184610	8905846	3073511	3894989	2468066
辽宁	19928828	17283749	5318458	9158161	5716706
吉林	11742272	10900180	3485320	6099027	3560767
黑龙江	3903565	3735729	1484566	3098821	2356922
上海	19830480	18989815	7439984	8617434	4611289
江苏	76600532	72587727	29261901	69995796	30643388
浙江	70532276	68090663	27294518	34187962	20641819
安徽	22973085	20212931	6799576	13126221	6750647
福建	30083969	27032465	7455113	25744835	14892514
江西	14694752	12799431	4181976	13460336	7710940
山东	48624754	46245455	18756295	19074609	11802380
河南	29885873	26895174	8082270	23046569	14058280
湖北	18522044	16777149	6916935	19107331	8546496
湖南	14972180	13134632	4675384	12099418	6416207
广东	56613846	52459620	16116495	23698777	12926227
广西	11065552	10248880	3329706	5229842	3486753
海南	531952	489535	117194	305930	173019
重庆	21865436	19724313	7992355	11701494	5838461
四川	31233077	27428904	10475932	18736781	12122683
贵州	11525711	10492362	3287051	3472738	2181338
云南	12150495	11279756	4379582	7776055	4549056
西藏	1510570	1382653	358569	1107203	534827
陕西	14936530	14025792	6086649	8551880	6271230
甘肃	6819196	6341806	2699817	4288615	2820644
青海	1719335	1630122	666820	825312	764372
宁夏	3140465	3029820	1412574	1552749	1116471
新疆	9974689	9350801	3882010	4306395	2465659

2-41 各地区私营建筑业企业收入情况

单位：万元

地 区	主营业务收入	主营业务成本	主营业务税金及附加	其他业务收入	其他业务利润
全国总计	**1113599407**	**1018285593**	**9437547**	**28525102**	**567958**
北 京	15427013	13886386	50517	181087	23131
天 津	8843805	8015131	33253	564895	9817
河 北	23260645	21395454	209020	717298	14485
山 西	17980511	16668064	85502	752764	9121
内蒙古	7575663	7125309	43511	249514	3823
辽 宁	17588986	16067413	94810	1305928	9284
吉 林	12227547	11157843	86952	485084	5968
黑龙江	5286214	4742332	30465	146058	2225
上 海	24066497	22090062	80952	903007	19663
江 苏	208893848	190987580	1519726	1667555	126928
浙 江	126891157	118943964	538380	2006580	113582
安 徽	40245232	36825698	294482	1111993	11105
福 建	93613536	85586738	1064710	3066664	15876
江 西	36228569	32959019	372594	1207659	25768
山 东	59904349	55368814	335072	2208376	34508
河 南	56737907	50163318	802028	471252	14513
湖 北	50997844	46107102	622196	1880170	9963
湖 南	45303009	40979570	922561	1706122	5935
广 东	71093517	64671929	337903	1792956	54866
广 西	16007316	14890582	122866	734484	8701
海 南	877478	833744	5661	29411	593
重 庆	48660462	43711772	618321	392576	21543
四 川	56520478	51172676	600294	2761251	1235
贵 州	6942086	6425990	58769	648688	3085
云 南	17254203	15672684	189893	362845	6045
西 藏	1140129	987649	9508	29676	265
陕 西	19785387	18219305	174346	533483	5063
甘 肃	6884593	6336319	53017	231481	914
青 海	2139230	2035888	7758	39553	155
宁 夏	3941879	3731021	20193	83382	5958
新 疆	11280317	10526239	52290	253311	3840

2-42 各地区私营建筑业企业费用情况

单位：万元

地 区	管理费用	销售费用	研发费用	财务费用	#利息收入	#利息支出
全国总计	**40829929**	**4970959**	**4598043**	**6948844**	**420300**	**3745264**
北 京	1020225	225613	146949	40906	16750	44184
天 津	554510	70779	45240	57416	9761	28378
河 北	806864	51293	90462	247339	32345	130649
山 西	791459	65821	101232	81423	2864	58273
内蒙古	321464	5206	11264	30909	633	19514
辽 宁	1092562	60614	72047	202990	15879	74391
吉 林	485050	21303	24429	131881	102	83103
黑龙江	259101	11247	1728	21045	-2184	5728
上 海	1170707	170958	181649	99641	15632	67104
江 苏	6480534	834186	337273	1336832	73167	696892
浙 江	3869065	347359	903416	668416	80750	511873
安 徽	1469027	276760	135845	232857	20239	101816
福 建	3025866	286847	282274	315567	16082	196182
江 西	1189276	152505	197134	214268	6662	108074
山 东	2411971	172078	379733	427466	21716	217260
河 南	1959556	357224	216487	422411	-237	153460
湖 北	1596921	273780	155747	290050	13183	166029
湖 南	1582267	247424	308861	298938	5950	171651
广 东	3054110	250261	667458	560278	49749	309675
广 西	626328	38975	47696	82491	3173	49453
海 南	34483	1471	1236	3590	176	885
重 庆	1679555	264577	95008	374536	-6144	207365
四 川	2364371	472210	95267	379880	10815	149343
贵 州	328661	25369	6984	40510	1028	17613
云 南	789417	122628	20533	85744	401	51164
西 藏	70330	5418	947	4806	3634	4098
陕 西	820804	98446	51146	110038	5222	39618
甘 肃	284402	28575	10613	75493	16516	27048
青 海	82146	1934	2102	4900	-151	3476
宁 夏	159653	5893	3411	14102	1872	8574
新 疆	449246	24209	3871	92123	4718	42393

2-43 各地区私营建筑业企业利润及税金情况

单位：万元

地区	利润总额	#所得税费用	税金总额	主营业务税金及附加	应交增值税
全国总计	**36471374**	**7356824**	**39427510**	**9437547**	**29989962**
北京	195799	39198	357978	50517	307461
天津	97383	23513	276872	33253	243619
河北	519457	140520	746665	209020	537645
山西	308893	57739	569103	85502	483601
内蒙古	113938	39004	268253	43511	224742
辽宁	327909	88504	512727	94810	417917
吉林	381263	90593	459283	86952	372332
黑龙江	96363	19871	196054	30465	165589
上海	432379	98240	641490	80952	560538
江苏	8803232	1732657	7179364	1519726	5659638
浙江	2526215	549391	3729737	538380	3191356
安徽	1161563	190564	1400465	294482	1105983
福建	3664776	836102	3461385	1064710	2396675
江西	1519566	302068	1203950	372594	831356
山东	1401740	273034	1776545	335072	1441472
河南	3365383	483450	2617693	802028	1815664
湖北	2219344	504906	2132173	622196	1509977
湖南	1570516	282024	2033718	922561	1111156
广东	1610603	358332	2132704	337903	1794801
广西	364627	90120	548263	122866	425396
海南	-865	11266	46305	5661	40645
重庆	2229276	396184	2133174	618321	1514853
四川	2077829	396847	2245003	600294	1644709
贵州	158267	54664	301355	58769	242585
云南	460478	92677	748229	189893	558335
西藏	-12634	6450	40715	9508	31207
陕西	527820	103836	764382	174346	590036
甘肃	168596	33234	371719	53017	318702
青海	7990	5026	66921	7758	59163
宁夏	33095	10394	139280	20193	119087
新疆	140574	46419	326010	52290	273720

2-44 各地区私营建筑业企业应收工程款及企业亏损情况

地　区	应收工程款（万元）	企业个数（个）	#亏损企业个数	亏损企业的比重（%）
全国总计	**246869322**	**105287**	**21178**	**20.1**
北　京	5752874	1657	465	28.1
天　津	3181850	1714	446	26.0
河　北	8699073	2612	508	19.4
山　西	5948507	3219	805	25.0
内蒙古	3515761	855	240	28.1
辽　宁	5987820	4786	1472	30.8
吉　林	5421642	2371	532	22.4
黑龙江	1595629	1614	471	29.2
上　海	5628322	1706	394	23.1
江　苏	38861591	10332	1020	9.9
浙　江	23674486	8031	2262	28.2
安　徽	8253444	6075	1060	17.4
福　建	11611167	7421	1111	15.0
江　西	6189841	3584	407	11.4
山　东	18724344	6935	1665	24.0
河　南	13001934	6846	973	14.2
湖　北	10108240	3886	517	13.3
湖　南	6177837	2712	345	12.7
广　东	15338426	6622	1450	21.9
广　西	3502599	1876	557	29.7
海　南	307629	92	21	22.8
重　庆	9248490	2967	470	15.8
四　川	11837677	6422	756	11.8
贵　州	3574119	1470	477	32.4
云　南	5642826	2818	882	31.3
西　藏	544984	284	57	20.1
陕　西	5823224	2801	596	21.3
甘　肃	2320373	1499	458	30.6
青　海	452642	295	107	36.3
宁　夏	1526979	539	192	35.6
新　疆	4414994	1246	462	37.1

2-45 各地区私营建筑业企业主要经济效益指标

地 区	产值利润率 (%)	产值利税率 (%)	资本利润率 (%)	资本利税率 (%)	人均利润 (元/人)	人均利税 (元/人)	资产负债率 (%)
全国总计	**2.7**	**5.6**	**17.1**	**35.6**	**10290**	**21415**	**62.5**
北 京	1.7	4.9	5.1	14.3	7533	21305	71.4
天 津	1.2	4.7	4.4	16.7	2913	11196	70.8
河 北	1.9	4.7	8.1	19.8	9786	23851	68.0
山 西	1.5	4.4	5.9	16.7	6289	17875	63.3
内蒙古	1.8	6.0	4.6	15.5	7700	25829	70.2
辽 宁	1.8	4.6	5.7	14.7	9114	23366	68.5
吉 林	2.7	6.0	10.7	23.6	15007	33084	65.8
黑龙江	2.1	6.4	4.1	12.4	8560	25976	55.7
上 海	2.1	5.2	9.4	23.3	11601	28811	69.7
江 苏	3.6	6.5	28.7	52.2	11397	20692	52.3
浙 江	1.6	4.0	12.2	30.3	6159	15253	67.4
安 徽	2.1	4.7	17.2	38.0	8614	18999	63.6
福 建	3.0	5.9	24.6	47.9	9279	18043	53.9
江 西	2.8	5.0	19.7	35.3	14020	25129	52.2
山 东	2.2	4.9	11.9	26.9	9952	22565	71.8
河 南	5.0	8.9	23.9	42.6	18704	33253	56.5
湖 北	3.5	6.9	26.0	50.9	18026	35345	49.2
湖 南	2.8	6.4	24.5	56.2	10638	24414	55.3
广 东	2.2	5.2	12.5	29.0	10046	23349	70.5
广 西	1.3	3.2	10.5	26.2	6203	15530	67.9
海 南	-0.1	6.0	-0.5	26.3	-649	34073	63.5
重 庆	3.4	6.7	38.2	74.7	13326	26078	65.1
四 川	2.5	5.1	17.1	35.7	8509	17702	62.5
贵 州	1.4	3.9	7.3	21.1	6283	18247	76.8
云 南	1.7	4.5	10.1	26.6	6478	17003	61.0
西 藏	-1.4	3.2	-2.4	5.3	-4368	9708	57.7
陕 西	2.4	5.9	8.4	20.6	9198	22519	63.6
甘 肃	2.5	8.1	6.0	19.2	9643	30905	61.4
青 海	0.4	3.7	1.0	9.8	2050	19222	67.6
宁 夏	0.9	4.6	3.0	15.4	2708	14104	66.9
新 疆	1.2	4.1	5.7	18.9	5958	19774	69.8

2-46 各地区联营建筑业企业签订合同情况

单位：万元

地区	签订合同额	上年结转合同额	本年新签合同额
全国总计	**329212**	**206126**	**123086**
北京			
天津	225	26	199
河北			
山西			
内蒙古			
辽宁	22000		22000
吉林			
黑龙江			
上海	19886	6680	13206
江苏	9854		9854
浙江	447	34	414
安徽			
福建			
江西	54715	27800	26915
山东			
河南			
湖北			
湖南			
广东	207608	168437	39172
广西			
海南			
重庆			
四川	7403		7403
贵州			
云南	1113	106	1007
西藏			
陕西	5161	2244	2917
甘肃			
青海			
宁夏			
新疆	800	800	

2-47 各地区联营建筑业企业承包工程完成情况

单位：万元

地 区	直接从建设单位承揽工程完成的产值	自行完成施工产值	分包出去工程的产值	从建设单位以外承揽工程完成的产值
全国总计	**192268**	**187962**	**4306**	**929**
北 京				
天 津	67	67		132
河 北				
山 西				
内蒙古				
辽 宁	18532	18532		
吉 林				
黑龙江				
上 海	15033	11275	3758	
江 苏	9785	9785		4
浙 江	447	447		
安 徽				
福 建				
江 西	24554	24554		
山 东				
河 南				
湖 北				
湖 南				
广 东	113217	112919	298	
广 西				
海 南				
重 庆				
四 川	4463	4463		
贵 州				
云 南	570	320	250	793
西 藏				
陕 西	4800	4800		
甘 肃				
青 海				
宁 夏				
新 疆	800	800		

2-48 各地区联营企业建筑业总产值和竣工产值

单位：万元

地区	建筑业总产值	#装饰装修产值	#在外省完成的产值	按构成分组：建筑工程产值	按构成分组：安装工程产值	按构成分组：其他产值	竣工产值
全国总计	**188891**	**7165**	**7680**	**120993**	**45937**	**21961**	**130242**
北京							
天津	199			199			
河北							
山西							
内蒙古							
辽宁	18532				18532		
吉林							
黑龙江							
上海	11275	6677		11275			11275
江苏	9789	488		8025	1765		9789
浙江	447			447			703
安徽							
福建							
江西	24554		5387	24554			24554
山东							
河南							
湖北							
湖南							
广东	112919		2292	66826	24505	21588	81402
广西							
海南							
重庆							
四川	4463			3963	500		1200
贵州							
云南	1113			320	420	373	520
西藏							
陕西	4800			4800			
甘肃							
青海							
宁夏							
新疆	800			585	215		800

2-49 各地区联营建筑业企业房屋建筑面积

地区	房屋施工面积（万平方米）	#本年新开工	房屋竣工面积（万平方米）	房屋竣工率（%）
全国总计	**85**	**62**	**78**	**91.6**
北京				
天津				
河北				
山西				
内蒙古				
辽宁				
吉林				
黑龙江				
上海	6	6	6	100.0
江苏				
浙江	1	1	1	100.0
安徽				
福建				
江西	10	10	9	90.0
山东				
河南				
湖北				
湖南				
广东	69	46	62	91.0
广西				
海南				
重庆				
四川				
贵州				
云南	0	0	0	100.0
西藏				
陕西				
甘肃				
青海				
宁夏				
新疆	0		0	100.0

2-50 各地区按主要用途分的联营建筑业企业房屋竣工面积

单位：万平方米

地区	总计	住宅房屋	商业及服务用房屋	办公用房屋	科研、教育和医疗用房屋
全国总计	**78**	**50**	**1**	**6**	
北京					
天津					
河北					
山西					
内蒙古					
辽宁					
吉林					
黑龙江					
上海	6			6	
江苏					
浙江	1			0	
安徽					
福建					
江西	9	9			
山东					
河南					
湖北					
湖南					
广东	62	41	1		
广西					
海南					
重庆					
四川					
贵州					
云南	0				
西藏					
陕西					
甘肃					
青海					
宁夏					
新疆	0		0		

2-50 续表　　　　单位：万平方米

地　区	文化、体育和娱乐用房屋	厂房及建筑物	仓　库	其他未列明的房屋建筑物
全国总计		**19**		**2**
北　京				
天　津				
河　北				
山　西				
内蒙古				
辽　宁				
吉　林				
黑龙江				
上　海				
江　苏				
浙　江		0		0
安　徽				
福　建				
江　西				
山　东				
河　南				
湖　北				
湖　南				
广　东		19		2
广　西				
海　南				
重　庆				
四　川				
贵　州				
云　南				0
西　藏				
陕　西				
甘　肃				
青　海				
宁　夏				
新　疆				

2-51 各地区按主要用途分的联营建筑业企业房屋竣工价值

单位：万元

地区	总计	住宅房屋	商业及服务用房屋	办公用房屋	科研、教育和医疗用房屋
全国总计	**112654**	**75703**	**2695**	**11564**	
北京					
天津					
河北					
山西					
内蒙古					
辽宁					
吉林					
黑龙江					
上海	11275			11275	
江苏					
浙江	703			289	
安徽					
福建					
江西	18235	18235			
山东					
河南					
湖北					
湖南					
广东	81402	57469	1895		
广西					
海南					
重庆					
四川					
贵州					
云南	240				
西藏					
陕西					
甘肃					
青海					
宁夏					
新疆	800		800		

2-51 续表 单位：万元

地区	文化、体育和娱乐用房屋	厂房及建筑物	仓库	其他未列明的房屋建筑物
全国总计		**19667**		**3026**
北京				
天津				
河北				
山西				
内蒙古				
辽宁				
吉林				
黑龙江				
上海				
江苏				
浙江		45		369
安徽				
福建				
江西				
山东				
河南				
湖北				
湖南				
广东		19622		2417
广西				
海南				
重庆				
四川				
贵州				
云南				240
西藏				
陕西				
甘肃				
青海				
宁夏				
新疆				

2–52 各地区联营建筑业企业主要生产效益指标

地　区	建筑业企业个数（个）	从事建筑业活动的平均人数（人）	按总产值计算的劳动生产率（元/人）	人均竣工产值（元/人）	人均施工面积（平方米/人）	人均竣工面积（平方米/人）
全国总计	**15**	**3587**	**526597**	**363095**	**238.2**	**218.2**
北　京						
天　津	1	16	124188			
河　北						
山　西						
内蒙古						
辽　宁	1	151	1227258			
吉　林						
黑龙江						
上　海	1	301	374581	374581	190.4	190.4
江　苏	1	194	504603	504603		
浙　江	1	54	82815	130130	165.5	165.5
安　徽						
福　建						
江　西	1	246	998110	998110	391.7	352.6
山　东						
河　南						
湖　北						
湖　南						
广　东	5	2274	496567	357968	302.1	274.8
广　西						
海　南						
重　庆						
四　川	1	30	1487667	400000		
贵　州						
云　南	1	185	60162	28108	12.4	12.4
西　藏						
陕　西	1	128	375000			
甘　肃						
青　海						
宁　夏						
新　疆	1	8	1000000	1000000	315.0	315.0

2-53 各地区联营建筑业企业资产构成

单位：万元

地区	资产总计	#流动资产合计	#存货
全国总计	**118136**	**98079**	**22679**
北京			
天津	1106	602	
河北			
山西			
内蒙古			
辽宁	7250	6558	
吉林			
黑龙江			
上海	16483	15472	3701
江苏	5876	3709	392
浙江	1070	1065	643
安徽			
福建			
江西	12669	12638	5411
山东			
河南			
湖北			
湖南			
广东	60594	49649	10399
广西			
海南			
重庆			
四川	950	800	
贵州			
云南	1775	987	322
西藏			
陕西	10285	6520	1811
甘肃			
青海			
宁夏			
新疆	80	80	

2-54 各地区联营建筑业企业固定资产情况

单位：万元

地区	固定资产原价	累计折旧	#本年折旧	在建工程
全国总计	**19872**	**7280**	**175**	**1530**
北京				
天津	648	144	3	
河北				
山西				
内蒙古				
辽宁	692			
吉林				
黑龙江				
上海	1260	249	7	
江苏	2180	13	2	128
浙江	314	310	6	
安徽				
福建				
江西	2077	2046	123	
山东				
河南				
湖北				
湖南				
广东	6459	2496	27	1402
广西				
海南				
重庆				
四川	200	50		
贵州				
云南	356	48	8	
西藏				
陕西	5686	1924		
甘肃				
青海				
宁夏				
新疆				

2–55 各地区联营建筑业企业负债及所有者权益

单位：万元

地　区	负债合计	#流动负债	#应付账款	所有者权益	#实收资本
全国总计	**73271**	**62606**	**34937**	**44865**	**20695**
北　京					
天　津	788	788	502	318	300
河　北					
山　西					
内蒙古					
辽　宁	7084	7084	6464	166	166
吉　林					
黑龙江					
上　海	7660	7660	6285	8823	4000
江　苏	1759	1759	580	4117	700
浙　江	283	283	182	786	611
安　徽					
福　建					
江　西	5906	5906	4938	6763	500
山　东					
河　南					
湖　北					
湖　南					
广　东	47841	37397	14731	12753	6828
广　西					
海　南					
重　庆					
四　川	200	200	200	750	750
贵　州					
云　南	444	224	199	1331	560
西　藏					
陕　西	1306	1306	856	8979	6200
甘　肃					
青　海					
宁　夏					
新　疆	0	0		80	80

2-56 各地区联营建筑业企业收入情况

单位：万元

地区	主营业务收入	主营业务成本	主营业务税金及附加	其他业务收入	其他业务利润
全国总计	**159696**	**151810**	**1130**	**316**	
北京					
天津	311	272	0	84	
河北					
山西					
内蒙古					
辽宁	19241	18861	77		
吉林					
黑龙江					
上海	23796	23163	67		
江苏	9785	9482	16		
浙江	1544	1400	8		
安徽					
福建					
江西	24554	23580	53		
山东					
河南					
湖北					
湖南					
广东	49428	46372	653	25	
广西					
海南					
重庆					
四川	2232	1339			
贵州					
云南	2891	2235	110	208	
西藏					
陕西	25915	25107	145		
甘肃					
青海					
宁夏					
新疆					

2-57　各地区联营建筑业企业费用情况

单位：万元

地　　区	管理费用	销售费用	研发费用	财务费用	#利息收入	#利息支出
全国总计	**3116**	**485**		**38**	**24**	**1**
北　　京						
天　　津	39	31		0		
河　　北						
山　　西						
内 蒙 古						
辽　　宁	105			12		
吉　　林						
黑 龙 江						
上　　海	360			-11	12	
江　　苏	252			3		
浙　　江	93			0	0	
安　　徽						
福　　建						
江　　西	184			2	1	
山　　东						
河　　南						
湖　　北						
湖　　南						
广　　东	2010	57		21	10	1
广　　西						
海　　南						
重　　庆						
四　　川						
贵　　州						
云　　南	8	7		4		
西　　藏						
陕　　西	55	390		5		
甘　　肃						
青　　海						
宁　　夏						
新　　疆	9					

2-58 各地区联营建筑业企业利润及税金情况

单位：万元

地区	利润总额	#所得税费用	税金总额	主营业务税金及附加	应交增值税
全国总计	**1855**	**493**	**4942**	**1130**	**3812**
北京					
天津	-3		-2	0	-2
河北					
山西					
内蒙古					
辽宁	186	47	99	77	22
吉林					
黑龙江					
上海	217	54	452	67	384
江苏	39	1	141	16	126
浙江	43	1	85	8	77
安徽					
福建					
江西	737	116	384	53	331
山东					
河南					
湖北					
湖南					
广东	416	237	3376	653	2723
广西					
海南					
重庆					
四川			67		67
贵州					
云南	32	8	194	110	84
西藏					
陕西	198	30	145	145	
甘肃					
青海					
宁夏					
新疆	-9				

2-59 各地区联营建筑业企业应收工程款及企业亏损情况

地区	应收工程款（万元）	企业个数（个）	#亏损企业个数	亏损企业的比重（%）
全国总计	**9873**	**15**	**2**	**13.3**
北京				
天津	547	1	1	100.0
河北				
山西				
内蒙古				
辽宁		1		
吉林				
黑龙江				
上海	4363	1		
江苏	1560	1		
浙江		1		
安徽				
福建				
江西		1		
山东				
河南				
湖北				
湖南				
广东	725	5		
广西				
海南				
重庆				
四川	500	1		
贵州				
云南	533	1		
西藏				
陕西	1646	1		
甘肃				
青海				
宁夏				
新疆		1	1	100.0

2-60 各地区联营建筑业企业主要经济效益指标

地　区	产值利润率(%)	产值利税率(%)	资本利润率(%)	资本利税率(%)	人均利润(元/人)	人均利税(元/人)	资产负债率(%)
全国总计	**1.0**	**3.6**	**9.0**	**32.8**	**5171**	**18948**	**62.0**
北　京							
天　津	-1.6	-2.4	-1.1	-1.6	-2000	-2938	71.3
河　北							
山　西							
内蒙古							
辽　宁	1.0	1.5	112.3	172.1	12325	18887	97.7
吉　林							
黑龙江							
上　海	1.9	5.9	5.4	16.7	7206	22206	46.5
江　苏	0.4	1.8	5.6	25.8	2021	9309	29.9
浙　江	9.7	28.7	7.1	21.0	8000	23796	26.5
安　徽							
福　建							
江　西	3.0	4.6	147.2	224.1	29943	45569	46.6
山　东							
河　南							
湖　北							
湖　南							
广　东	0.4	3.4	6.1	55.5	1830	16676	79.0
广　西							
海　南							
重　庆							
四　川		1.5		8.9		22333	21.1
贵　州							
云　南	2.8	20.2	5.7	40.2	1714	12173	25.0
西　藏							
陕　西	4.1	7.1	3.2	5.5	15438	26766	12.7
甘　肃							
青　海							
宁　夏							
新　疆	-1.2	-1.2	-11.5	-11.5	-11500	-11500	0

2-61 各地区股份制建筑业企业签订合同情况

单位：万元

地 区	签订合同额	上年结转合同额	本年新签合同额
全国总计	**3155507468**	**1588215751**	**1567291717**
北 京	310364898	169290780	141074118
天 津	109663388	52257518	57405870
河 北	67570709	31210695	36360013
山 西	87131787	37818084	49313703
内 蒙 古	5967048	2711175	3255874
辽 宁	40353892	17794937	22558955
吉 林	16958074	7450042	9508032
黑 龙 江	15625368	8444659	7180709
上 海	247152023	141878814	105273209
江 苏	200257361	102819036	97438325
浙 江	156832626	83895916	72936710
安 徽	112461912	50730786	61731126
福 建	63288321	39460134	23828187
江 西	60689404	27008658	33680745
山 东	174665126	74665554	99999573
河 南	168111183	77713440	90397743
湖 北	209551166	89094727	120456439
湖 南	172080664	99984826	72095837
广 东	267510957	143645259	123865698
广 西	65463752	35501965	29961787
海 南	8856622	5044760	3811861
重 庆	66974768	33935066	33039702
四 川	165551161	88541404	77009757
贵 州	65369172	36308280	29060892
云 南	82828891	37723720	45105171
西 藏	2025283	1209532	815751
陕 西	143415462	58924612	84490849
甘 肃	23674054	12391302	11282752
青 海	3276966	2089924	1187042
宁 夏	3045181	1315530	1729651
新 疆	38790251	17354621	21435630

2-62 各地区股份制建筑业企业承包工程完成情况

单位：万元

地区	直接从建设单位承揽工程完成的产值	自行完成施工产值	分包出去工程的产值	从建设单位以外承揽工程完成的产值
全国总计	**1142637957**	**1061676321**	**80961636**	**88263549**
北京	104836078	79891167	24944911	19665221
天津	32316235	26776213	5540021	2761021
河北	20978125	20446309	531817	1908843
山西	29726631	28930574	796056	1681457
内蒙古	2834751	2820892	13859	12990
辽宁	15165062	15099354	65708	1886438
吉林	6176248	6060787	115460	698892
黑龙江	6431745	6421306	10438	29104
上海	64586422	47230092	17356330	8920369
江苏	105978585	105181422	797163	4749632
浙江	67167404	63301723	3865681	4985401
安徽	35800104	35311428	488677	2880538
福建	23206293	23129326	76968	2008738
江西	31104555	30810935	293621	897251
山东	76153199	69954692	6198507	3351027
河南	58590215	58043406	546809	1284076
湖北	75531264	75102863	428401	3335426
湖南	53152434	52824739	327695	2683909
广东	88563865	77360967	11202898	7049769
广西	30376969	29911412	465556	1456707
海南	3176096	3160838	15258	39809
重庆	25089075	24156346	932729	2149143
四川	50021322	49253001	768321	2973940
贵州	22537441	22470421	67020	284035
云南	35739471	35412728	326743	1693825
西藏	924635	918220	6416	13223
陕西	48614985	45655231	2959754	7940610
甘肃	10928830	9432246	1496585	117307
青海	977843	876034	101810	11879
宁夏	1345414	1315471	29943	25057
新疆	14606662	14416179	190484	767911

2-63 各地区股份制企业建筑业总产值和竣工产值

单位：万元

地区	建筑业总产值	#装饰装修产值	#在外省完成的产值	按构成分组 建筑工程产值	安装工程产值	其他产值	竣工产值
全国总计	**1149939870**	**37811474**	**504253659**	**1025052866**	**95207635**	**29679369**	**490412354**
北京	99556388	7387451	78326341	93826663	4965330	764395	37105276
天津	29537235	320191	21421762	26926232	1906208	704795	11750997
河北	22355151	347365	10966010	16365892	3869669	2119591	8187403
山西	30612032	345664	14976327	26607732	3440806	563494	8793749
内蒙古	2833882	10600	705056	2397583	280407	155892	954408
辽宁	16985792	105157	8369010	14006925	2376319	602548	5316815
吉林	6759679	144530	1736174	5552870	1033963	172846	3077215
黑龙江	6450410	46711	1477558	5492412	605209	352789	1595547
上海	56150461	4258720	38809095	49615216	5362135	1173110	34581149
江苏	109931054	3126050	62081060	101963741	7659348	307964	73828474
浙江	68287124	4683826	25329550	58068004	9082457	1136664	36419681
安徽	38191965	600114	13458611	32952339	2653013	2586614	11932349
福建	25138064	351508	9260492	23224881	1807892	105292	10157385
江西	31708185	650297	10763175	27822428	2640479	1245279	13383666
山东	73305719	2797618	18827210	63015490	7966160	2324070	29485316
河南	59327482	721354	20880097	54011952	3868695	1446835	24670352
湖北	78438289	1737153	39763579	69711872	6955801	1770616	25558790
湖南	55508649	1375431	28343310	50596189	2814702	2097758	28452994
广东	84410736	4356548	22329081	75861755	6647311	1901670	24410272
广西	31368120	331743	6868298	28605106	1563111	1199903	17243265
海南	3200647	86691	261048	2710612	341205	148831	1503685
重庆	26305489	749159	9855629	24140442	1655356	509691	11138965
四川	52226942	1182491	14705979	45741544	4381850	2103548	23887880
贵州	22754457	433719	10883674	19514715	2038292	1201450	8847886
云南	37106553	309298	3774820	34745987	1912503	448064	11449311
西藏	931443	5478	99903	903406	19529	8508	223856
陕西	53595841	1055757	24253176	47348910	4517947	1728984	15511506
甘肃	9549553	142442	1399080	8296384	866994	386175	4168669
青海	887913	29406	284407	595870	198061	93982	168655
宁夏	1340528	171	486812	958845	374492	7191	1008636
新疆	15184090	118831	3557335	13470874	1402392	310824	5598203

2-64 各地区股份制建筑业企业房屋建筑面积

地　区	房屋施工面积（万平方米）	#本年新开工	房屋竣工面积（万平方米）	房屋竣工率（%）
全国总计	**661403**	**177992**	**142346**	**21.5**
北　京	68167	15471	8419	12.4
天　津	14472	3559	1668	11.5
河　北	10631	3183	1846	17.4
山　西	14300	4202	2540	17.8
内蒙古	1016	494	311	30.6
辽　宁	7122	1883	847	11.9
吉　林	3155	1084	925	29.3
黑龙江	2465	1116	431	17.5
上　海	44495	10454	7070	15.9
江　苏	77054	19743	20804	27.0
浙　江	61383	14361	12974	21.1
安　徽	21508	5218	3122	14.5
福　建	17626	4632	3109	17.6
江　西	11874	4693	4128	34.8
山　东	45023	14429	9917	22.0
河　南	35152	8848	6530	18.6
湖　北	40143	11881	15422	38.4
湖　南	39473	11455	9320	23.6
广　东	30832	8969	8247	26.7
广　西	16621	3023	3864	23.2
海　南	1306	222	273	20.9
重　庆	13464	3835	3279	24.4
四　川	25166	6969	5834	23.2
贵　州	11204	3041	2267	20.2
云　南	10198	3187	2468	24.2
西　藏	155	48	52	33.4
陕　西	23974	6868	4055	16.9
甘　肃	5892	1600	1030	17.5
青　海	28	19	28	100.0
宁　夏	394	189	168	42.5
新　疆	7107	3316	1399	19.7

2-65 各地区按主要用途分的股份制建筑业企业房屋竣工面积

单位：万平方米

地区	总计	住宅房屋	商业及服务用房屋	办公用房屋	科研、教育和医疗用房屋
全国总计	**142346**	**96318**	**9608**	**5829**	**9040**
北京	8419	5979	678	505	424
天津	1668	1054	79	21	150
河北	1846	1360	94	47	156
山西	2540	1624	135	110	214
内蒙古	311	285	0	5	11
辽宁	847	631	49	10	48
吉林	925	697	22	12	36
黑龙江	431	309	13	4	36
上海	7070	3674	850	518	653
江苏	20804	15700	1017	686	930
浙江	12974	8610	984	711	575
安徽	3122	1992	204	47	223
福建	3109	2405	294	43	208
江西	4128	2432	291	173	203
山东	9917	6396	855	487	946
河南	6530	4625	551	283	466
湖北	15422	9145	1141	472	737
湖南	9320	6612	638	547	579
广东	8247	5867	274	163	512
广西	3864	2543	138	153	453
海南	273	198	14	14	37
重庆	3279	2520	181	62	166
四川	5834	3743	445	241	437
贵州	2267	1519	185	130	182
云南	2468	1702	147	130	202
西藏	52	37	1	10	0
陕西	4055	2852	220	117	263
甘肃	1030	804	25	56	60
青海	28	10	4	4	9
宁夏	168	79	3	0	2
新疆	1399	916	75	69	121

2-65 续表

单位：万平方米

地区	文化、体育和娱乐用房屋	厂房及建筑物	仓库	其他未列明的房屋建筑物
全国总计	**1630**	**15422**	**860**	**3639**
北京	72	497	41	222
天津	14	241	35	75
河北	16	137	12	24
山西	9	335	26	87
内蒙古	0	4	0	6
辽宁	3	98	0	8
吉林	2	91	56	9
黑龙江	9	51	3	6
上海	315	801	111	149
江苏	277	1847	156	191
浙江	117	1568	21	389
安徽	5	480	6	165
福建	12	143	2	3
江西	63	836	24	107
山东	45	1023	32	133
河南	100	351	45	110
湖北	106	3314	48	460
湖南	86	627	66	164
广东	26	841	66	499
广西	43	430	11	92
海南	3	4	0	1
重庆	22	296	7	24
四川	117	556	54	243
贵州	15	129	19	88
云南	25	138	2	123
西藏		1	1	1
陕西	90	362	10	142
甘肃	14	45	2	23
青海	0	1	1	1
宁夏		77		6
新疆	22	100	5	91

2–66 各地区按主要用途分的股份制建筑业企业房屋竣工价值

单位：万元

地　区	总计	住宅房屋	商业及服务用房屋	办公用房　屋	科研、教育和医疗用房屋
全国总计	**303277861**	**187712222**	**22639554**	**16053368**	**27224948**
北　京	23216248	14035028	1969106	2146966	1566374
天　津	3839979	2116378	193805	61722	603341
河　北	3324380	2125836	186639	106108	380352
山　西	5732859	3026714	360784	299199	691215
内蒙古	559403	509937	162	9720	29963
辽　宁	1439728	998624	107346	34875	90182
吉　林	1653129	1201937	48932	31663	105539
黑龙江	645016	403265	13625	11435	89409
上　海	22099943	9274384	2764862	1822063	2711696
江　苏	55021636	40217076	2910053	2086176	3206362
浙　江	26546256	17337231	1908893	1611606	1747325
安　徽	6022591	3457827	368536	120302	526306
福　建	6690915	5417330	274077	29263	593516
江　西	7532800	4141440	363776	316751	511330
山　东	20340529	11802714	1906347	1371521	2406356
河　南	12063837	7298844	1782870	625579	1021536
湖　北	18893674	9689782	1629739	1403430	1684465
湖　南	19238252	12283341	1369377	1180396	1851048
广　东	14504222	9738192	657579	426883	1225608
广　西	9082684	5072820	359718	389957	1404753
海　南	915052	706123	41626	54192	98773
重　庆	5777998	3895036	492097	171193	465713
四　川	12353504	7306265	1039492	572356	1505047
贵　州	5539663	3393501	412794	355639	546329
云　南	5261870	3435528	357387	259958	538182
西　藏	88167	66663	3282	10636	1120
陕　西	9200600	5002158	847887	333657	1091873
甘　肃	2785165	2239957	48782	73667	186907
青　海	90531	33886	12532	10343	22842
宁　夏	392263	114141	842	414	4764
新　疆	2424970	1370266	206610	125699	316721

2-66 续表 单位：万元

地　区	文化、体育和娱乐用房屋	厂房及建筑物	仓　库	其他未列明的房屋建筑物
全国总计	**7292145**	**29722893**	**2082836**	**10549895**
北　京	826806	1607674	93902	970392
天　津	44992	549374	54466	215902
河　北	58633	308001	29521	129291
山　西	62276	1029368	61792	201513
内 蒙 古	56	4394	66	5104
辽　宁	6337	174091	124	28149
吉　林	8712	168335	77841	10171
黑 龙 江	20842	87196	5054	14190
上　海	1871751	2715130	315097	624960
江　苏	1004564	4799451	318147	479808
浙　江	440147	2634543	42027	824484
安　徽	21942	783425	12076	732177
福　建	75250	287557	11409	2513
江　西	216742	1755614	91690	135457
山　东	214820	2277392	73042	288338
河　南	146401	767823	76354	344429
湖　北	288482	2589178	61296	1547303
湖　南	282592	1335806	282110	653583
广　东	132216	1585319	225550	512876
广　西	142824	725700	37637	949277
海　南	5551	7036	48	1703
重　庆	59194	578397	17059	99309
四　川	479094	957279	67550	426421
贵　州	51567	450987	69460	259386
云　南	112668	316578	5634	235934
西　藏		227	2959	3281
陕　西	515692	744068	38681	626584
甘　肃	55956	113496	3479	62920
青　海	78	2338	1620	6892
宁　夏		267296		4807
新　疆	145960	99824	7146	152744

2-67 各地区股份制建筑业企业主要生产效益指标

地区	建筑业企业个数(个)	从事建筑业活动的平均人数(人)	按总产值计算的劳动生产率(元/人)	人均竣工产值(元/人)	人均施工面积(平方米/人)	人均竣工面积(平方米/人)
全国总计	**17157**	**19343143**	**594495**	**253533**	**341.9**	**73.6**
北京	706	1497741	664710	247742	455.1	56.2
天津	568	480662	614512	244475	301.1	34.7
河北	361	255045	876518	321018	416.8	72.4
山西	358	644064	475295	136535	222.0	39.4
内蒙古	140	46198	613421	206591	219.9	67.4
辽宁	697	235602	720953	225669	302.3	36.0
吉林	332	104792	645057	293650	301.1	88.3
黑龙江	461	144997	444865	110040	170.0	29.7
上海	483	693030	810217	498985	642.0	102.0
江苏	717	2035919	539958	362630	378.5	102.2
浙江	560	1622726	420817	224435	378.3	80.0
安徽	582	471589	809857	253024	456.1	66.2
福建	202	651398	385909	155932	270.6	47.7
江西	807	527375	601246	253779	225.2	78.3
山东	1678	1297964	564775	227166	346.9	76.4
河南	1067	1035886	572722	238157	339.3	63.0
湖北	902	787703	995785	324472	509.6	195.8
湖南	595	1087965	510206	261525	362.8	85.7
广东	1342	1210417	697369	201668	254.7	68.1
广西	264	542271	578458	317982	306.5	71.2
海南	156	45647	701174	329416	286.1	59.7
重庆	408	474185	554752	234908	283.9	69.1
四川	1010	907642	575413	263186	277.3	64.3
贵州	318	416474	546360	212447	269.0	54.4
云南	766	782553	474173	146307	130.3	31.5
西藏	94	11484	811078	194929	134.9	45.1
陕西	582	781356	685934	198520	306.8	51.9
甘肃	511	193453	493637	215487	304.6	53.2
青海	61	17127	518429	98473	16.2	16.2
宁夏	61	21820	614357	462253	180.7	76.8
新疆	368	318058	477400	176012	223.4	44.0

2-68 各地区股份制建筑业企业资产构成

单位：万元

地区	资产总计	#流动资产合计	#存货
全国总计	**1478657896**	**1108742268**	**115024379**
北京	265373455	145744126	6402273
天津	55263671	43217944	2849488
河北	29801498	25353738	4539311
山西	53558938	40667185	3219371
内蒙古	9001514	5823005	666972
辽宁	25788232	22014356	1868908
吉林	10459122	8850476	765051
黑龙江	11388874	9591239	951624
上海	81164336	66161264	4539436
江苏	78128110	67976192	12206093
浙江	62592896	52441832	10824627
安徽	48304654	35191413	2758418
福建	25369401	18915540	2929982
江西	28050595	23772029	3843307
山东	83189521	69432260	10557037
河南	54980351	43777500	5698984
湖北	66144303	53762463	5900549
湖南	46084952	33557844	2621886
广东	109336118	82181837	6322609
广西	26707617	22535333	3953305
海南	3987907	3465853	232013
重庆	30172241	24026836	3940312
四川	63111178	49524390	4533165
贵州	39077244	34138514	3756342
云南	57831408	34156669	2083008
西藏	3241248	2334322	150943
陕西	65123126	54381330	3173958
甘肃	18713693	14816544	1925535
青海	2008242	1674602	86131
宁夏	1826114	1626375	274370
新疆	22877337	17629259	1449373

2–69 各地区股份制建筑业企业固定资产情况

单位：万元

地区	固定资产原价	累计折旧	#本年折旧	在建工程
全国总计	**84534469**	**43004668**	**5124349**	**11689053**
北京	7220592	3929643	487277	520818
天津	4965031	2596700	264873	203092
河北	3296665	2043385	129195	216792
山西	3267961	1992063	357786	163378
内蒙古	601113	289392	29644	32263
辽宁	2424242	1445479	123560	124137
吉林	820983	469589	42459	81125
黑龙江	787042	408261	38665	25494
上海	3894904	2184880	248867	254906
江苏	5134685	2462387	310387	699069
浙江	3824220	1861312	228034	419291
安徽	2655084	1226673	142984	215995
福建	1143360	522645	63370	135523
江西	1533820	698717	80293	366152
山东	6349301	3082792	406718	651005
河南	5158089	2524389	316931	613067
湖北	5489080	3039115	367793	2311250
湖南	3407380	1636200	236784	647952
广东	4504135	2340634	319640	850217
广西	983304	539639	61260	364578
海南	129080	66297	11831	22936
重庆	1792488	871605	120127	300292
四川	4452391	2066017	207864	822125
贵州	771187	374807	43644	415780
云南	2438681	1065841	145005	151126
西藏	93520	39982	5990	32246
陕西	3385510	1775090	166222	447368
甘肃	1951371	578365	88033	141729
青海	162390	92822	6325	18165
宁夏	168330	82567	8234	12060
新疆	1728533	697382	64555	429122

2-70 各地区股份制建筑业企业负债及所有者权益

单位：万元

地区	负债合计	#流动负债	#应付账款	所有者权益	#实收资本
全国总计	**1092604791**	**993934543**	**425518948**	**386053106**	**168863080**
北京	169710372	149431009	53359261	95663084	28530629
天津	43998141	40923791	16140089	11265530	6049208
河北	22869878	21315092	9131108	6931620	3605789
山西	42422870	38402486	15403621	11136068	4854854
内蒙古	5282726	5085372	1645573	3718788	1322306
辽宁	20781326	19129087	7014674	5006905	2917730
吉林	8175208	7441570	2757893	2283914	1411590
黑龙江	8763822	8076260	2710349	2625052	1931875
上海	65630873	63407773	33381975	15533463	7618614
江苏	53133005	49502738	19331770	24995106	6730509
浙江	46618971	44696568	18909763	15973925	6397446
安徽	37073902	31925590	12532670	11230753	5079113
福建	18046390	13577222	5716361	7323011	2473328
江西	21205457	18592173	7432902	6845138	4068168
山东	64745924	61108093	27067153	18443598	8846328
河南	41050888	38077093	13705589	13929463	7334708
湖北	50061133	44585682	24634950	16083170	7225631
湖南	33873324	29597485	13377628	12211628	5862775
广东	83155465	75872548	30093113	26180653	12230214
广西	21942032	20365916	10437699	4765585	2371489
海南	2858648	2653539	1157431	1129259	645165
重庆	22960673	20560399	9322048	7211568	3371459
四川	47912754	41959561	20550767	15198424	8923740
贵州	31232410	29498774	13828163	7844834	2621570
云南	38181701	34156100	14508280	19649707	14619144
西藏	2325255	1444462	549975	915993	424007
陕西	53333473	50824865	28162314	11789654	6128017
甘肃	14334856	13134042	5209408	4378838	1995590
青海	1264268	1224135	523069	743974	519147
宁夏	1380346	1348301	666734	445769	289463
新疆	18278703	16016819	6256615	4598633	2463476

2–71 各地区股份制建筑业企业收入情况

单位：万元

地　区	主营业务收入	主营业务成本	主营业务税金及附加	其他业务收入	其他业务利润
全国总计	**1097437022**	**1016020947**	**4164593**	**18308321**	**1473092**
北　京	123677602	114661793	252689	829459	313385
天　津	31547747	29089029	65750	707369	16259
河　北	20870069	19135871	100027	473951	21043
山　西	32481477	29737069	78967	344657	88745
内蒙古	3143909	2812637	18278	121012	24554
辽　宁	14207480	13256003	103402	497244	10737
吉　林	7051374	6514618	22655	90211	7421
黑龙江	6552310	6052447	29858	120439	5095
上　海	77498180	73100807	154817	297072	80428
江　苏	97884615	91687949	348191	1646859	122540
浙　江	62434758	58651611	235224	1578959	75558
安　徽	33963935	31135069	101229	978003	71806
福　建	19647516	18236608	87398	500139	37748
江　西	24519628	22699596	152939	673165	23647
山　东	69163493	63425967	326604	1706429	57776
河　南	46863286	42453120	340163	573002	84943
湖　北	68702895	63250584	295162	1238869	32796
湖　南	48114154	43908871	403817	451716	14598
广　东	85076392	78289345	229773	1168653	87545
广　西	23987165	22396840	70605	142061	24177
海　南	3788945	3393892	15196	54710	1996
重　庆	21709476	20218652	99949	391961	48612
四　川	49956581	45895379	201253	833984	56206
贵　州	19320144	18417063	30672	323391	24982
云　南	26826594	24660928	153695	844934	71159
西　藏	1007605	914598	3063	14450	-12
陕　西	48936728	45503587	143320	871904	42536
甘　肃	10948689	10206630	43356	655395	8985
青　海	1070451	969964	2880	66026	1078
宁　夏	1680189	1553612	5814	11340	1645
新　疆	14803636	13790809	47847	100958	15104

2-72 各地区股份制建筑业企业费用情况

单位：万元

地区	管理费用	销售费用	研发费用	财务费用	#利息收入	#利息支出
全国总计	**27311457**	**1936488**	**17885785**	**6667152**	**4039688**	**8151628**
北京	3063726	274208	2745352	715159	1269657	1801458
天津	843851	60336	828908	218212	242236	338313
河北	694403	60856	345291	156143	39173	148546
山西	837913	18413	973177	207161	166214	317424
内蒙古	182577	5450	18122	63214	3180	46139
辽宁	585624	34330	198105	157233	12587	128812
吉林	239241	6691	90553	54114	5968	23504
黑龙江	206677	16030	92415	59470	13234	62556
上海	1366666	121506	1668468	230029	265155	261953
江苏	1970806	120649	679429	467951	200895	382555
浙江	1448358	95776	573439	189163	125497	283281
安徽	911874	54716	663879	303029	118323	325267
福建	429340	27547	275142	99688	29082	57161
江西	647424	52364	230014	141221	11010	95889
山东	2118401	88711	1066810	489239	180932	432521
河南	1338845	120202	833089	388274	71317	287047
湖北	1651909	173371	1354995	238475	90040	233641
湖南	1248971	84132	980534	258474	134358	272620
广东	1895999	194088	1401838	604133	301872	726501
广西	605499	6887	296018	136692	32541	136867
海南	80341	4549	14042	14465	399	11186
重庆	519542	34233	236885	225350	59582	198611
四川	1398436	121359	867444	268218	194281	421550
贵州	384486	5502	170569	156672	24990	137374
云南	713546	44043	215515	382297	196471	510238
西藏	42102	1786	6000	13692	20589	20499
陕西	951810	69644	810494	184817	135308	240213
甘肃	420044	26139	69152	73813	70595	90474
青海	44191	103	8865	7284	-1097	8652
宁夏	58337	2839	28237	4923	-1076	5995
新疆	410521	10031	143004	158548	26371	144782

2–73 各地区股份制建筑业企业利润及税金情况

单位：万元

地　区	利润总额	#所得税费用	税金总额	主营业务税金及附加	应交增值税
全国总计	**36127417**	**5584694**	**21963514**	**4164593**	**17798921**
北　京	8514809	567225	1617109	252689	1364420
天　津	560236	91254	429211	65750	363461
河　北	430047	125115	462345	100027	362318
山　西	956252	78379	589824	78967	510858
内蒙古	77229	29488	117890	18278	99612
辽　宁	-98899	60984	338594	103402	235192
吉　林	141049	48490	215800	22655	193145
黑龙江	121041	28237	213931	29858	184073
上　海	1306307	214594	650322	154817	495505
江　苏	4567850	873369	2513012	348191	2164821
浙　江	1690102	385099	1359830	235224	1124606
安　徽	1095949	165408	528127	101229	426898
福　建	533260	110505	392873	87398	305475
江　西	756599	161610	611705	152939	458766
山　东	2333090	392977	1590850	326604	1264246
河　南	1588024	235260	1174463	340163	834300
湖　北	2102427	342980	1581877	295162	1286716
湖　南	1520759	261215	1269470	403817	865653
广　东	1595850	388603	1606268	229773	1376496
广　西	597618	94880	487679	70605	417074
海　南	157761	42109	128244	15196	113047
重　庆	572781	81889	516628	99949	416679
四　川	1589752	292329	1014748	201253	813494
贵　州	288667	32582	244068	30672	213396
云　南	996246	182480	699718	153695	546024
西　藏	73281	2890	25377	3063	22313
陕　西	1472144	171197	916606	143320	773286
甘　肃	244292	51603	315403	43356	272046
青　海	41305	6539	31885	2880	29005
宁　夏	32826	6543	28979	5814	23164
新　疆	268767	58863	290681	47847	242834

2-74 各地区股份制建筑业企业应收工程款及企业亏损情况

地 区	应收工程款（万元）	企业个数（个）	#亏损企业个数	亏损企业的比重（%）
全国总计	**260263462**	**17157**	**3473**	**20.2**
北 京	30115564	706	159	22.5
天 津	9591987	568	150	26.4
河 北	4767088	361	83	23.0
山 西	11288338	358	73	20.4
内蒙古	1702739	140	37	26.4
辽 宁	4638618	697	217	31.1
吉 林	2998835	332	76	22.9
黑龙江	2492504	461	136	29.5
上 海	11334423	483	90	18.6
江 苏	12723125	717	58	8.1
浙 江	11594197	560	96	17.1
安 徽	8232195	582	107	18.4
福 建	2581637	202	33	16.3
江 西	4537901	807	89	11.0
山 东	17666007	1678	387	23.1
河 南	10106615	1067	168	15.7
湖 北	17043509	902	137	15.2
湖 南	7926887	595	74	12.4
广 东	19560215	1342	270	20.1
广 西	5214475	264	66	25.0
海 南	713222	156	28	17.9
重 庆	5864404	408	80	19.6
四 川	9284598	1010	138	13.7
贵 州	8042358	318	102	32.1
云 南	12360164	766	213	27.8
西 藏	319646	94	21	22.3
陕 西	18843753	582	90	15.5
甘 肃	3234147	511	158	30.9
青 海	375010	61	14	23.0
宁 夏	474621	61	14	23.0
新 疆	4634683	368	109	29.6

2-75 各地区股份制建筑业企业主要经济效益指标

地　　区	产值利润率(%)	产值利税率(%)	资本利润率(%)	资本利税率(%)	人均利润(元/人)	人均利税(元/人)	资产负债率(%)
全国总计	**3.1**	**5.1**	**21.4**	**34.4**	**18677**	**30032**	**73.9**
北　京	8.6	10.2	29.8	35.5	56851	67648	64.0
天　津	1.9	3.3	9.3	16.4	11655	20585	79.6
河　北	1.9	4.0	11.9	24.7	16862	34990	76.7
山　西	3.1	5.1	19.7	31.8	14847	24005	79.2
内蒙古	2.7	6.9	5.8	14.8	16717	42235	58.7
辽　宁	-0.6	1.4	-3.4	8.2	-4198	10174	80.6
吉　林	2.1	5.3	10.0	25.3	13460	34053	78.2
黑龙江	1.9	5.2	6.3	17.3	8348	23102	77.0
上　海	2.3	3.5	17.1	25.7	18849	28233	80.9
江　苏	4.2	6.4	67.9	105.2	22436	34780	68.0
浙　江	2.5	4.5	26.4	47.7	10415	18795	74.5
安　徽	2.9	4.3	21.6	32.0	23239	34438	76.8
福　建	2.1	3.7	21.6	37.4	8186	14218	71.1
江　西	2.4	4.3	18.6	33.6	14347	25946	75.6
山　东	3.2	5.4	26.4	44.4	17975	30231	77.8
河　南	2.7	4.7	21.7	37.7	15330	26668	74.7
湖　北	2.7	4.7	29.1	51.0	26691	46773	75.7
湖　南	2.7	5.0	25.9	47.6	13978	25646	73.5
广　东	1.9	3.8	13.0	26.2	13184	26455	76.1
广　西	1.9	3.5	25.2	45.8	11021	20014	82.2
海　南	4.9	8.9	24.5	44.3	34561	62656	71.7
重　庆	2.2	4.1	17.0	32.3	12079	22974	76.1
四　川	3.0	5.0	17.8	29.2	17515	28695	75.9
贵　州	1.3	2.3	11.0	20.3	6931	12792	79.9
云　南	2.7	4.6	6.8	11.6	12731	21672	66.0
西　藏	7.9	10.6	17.3	23.3	63811	85908	71.7
陕　西	2.7	4.5	24.0	39.0	18841	30572	81.9
甘　肃	2.6	5.9	12.2	28.0	12628	28932	76.6
青　海	4.7	8.2	8.0	14.1	24117	42733	63.0
宁　夏	2.4	4.6	11.3	21.4	15044	28324	75.6
新　疆	1.8	3.7	10.9	22.7	8450	17589	79.9

2-76 各地区外商投资建筑业企业签订合同情况

单位：万元

地区	签订合同额	上年结转合同额	本年新签合同额
全国总计	**18705924**	**7913544**	**10792380**
北京	2078815	1155344	923471
天津	90183	32542	57641
河北	482984	215359	267624
山西	5105	2477	2628
内蒙古			
辽宁	53469	23023	30447
吉林			
黑龙江	24815	12151	12664
上海	2529953	1079323	1450630
江苏	5384218	1975217	3409001
浙江	1019780	212638	807141
安徽	22784	3977	18808
福建	587752	370986	216766
江西			
山东	392526	115191	277336
河南	482711	325345	157366
湖北	691478	422945	268533
湖南	208294	28838	179456
广东	4109844	1533434	2576410
广西			
海南			
重庆	78417	74373	4044
四川	11847	5434	6413
贵州	4163		4163
云南	45	45	
西藏			
陕西	362956	324902	38053
甘肃	66		66
青海			
宁夏	83719		83719
新疆			

2-77 各地区外商投资建筑业企业承包工程完成情况

单位：万元

地区	直接从建设单位承揽工程完成的产值	自行完成施工产值	分包出去工程的产值	从建设单位以外承揽工程完成的产值
全国总计	**9929385**	**8961959**	**967427**	**627644**
北京	614328	449925	164402	82006
天津	80553	74578	5976	6094
河北	132720	132720		
山西	3571	3571		
内蒙古				
辽宁	31344	31344		3048
吉林				
黑龙江	14778	14096	682	925
上海	1239234	703896	535339	114657
江苏	2779933	2703327	76606	161134
浙江	505047	505047		35978
安徽	14721	14721		
福建	406376	406376		
江西				
山东	341041	341041		
河南	197293	197293		160698
湖北	411098	411098		548
湖南	208294	208294		
广东	2621593	2600965	20628	18196
广西				
海南				
重庆	23701	23701		43300
四川	5032	3557	1475	
贵州	4163	4163		
云南	45	45		
西藏				
陕西	210735	115392	95344	1062
甘肃	66	66		
青海				
宁夏	83719	16744	66975	
新疆				

2-78 各地区外商投资企业建筑业总产值和竣工产值

单位：万元

地 区	建筑业总产值	#装饰装修产值	#在外省完成的产值	按构成分组			竣工产值
				建筑工程产值	安装工程产值	其他产值	
全国总计	**9589603**	**2555995**	**5236818**	**8320519**	**1068148**	**200935**	**5773542**
北 京	531931	26023	234475	474754	56724	453	275801
天 津	80671		32111	16267	64404		16262
河 北	132720	2469	50398	128342	1910	2469	
山 西	3571			3571			3571
内蒙古							
辽 宁	34391	8200	6717	8629	24209	1554	24628
吉 林							
黑龙江	15021		9556	12796	2124	101	1120
上 海	818552	121427	451272	453120	257671	107762	398171
江 苏	2864461	2035012	1719182	2383323	436197	44941	2837867
浙 江	541024	114950	162092	535318	5706		126519
安 徽	14721			3667	11055		3667
福 建	406376	30885	277947	403724	794	1858	43801
江 西							
山 东	341041	41777	32445	274859	64761	1421	93407
河 南	357990	1006	271858	276761	76717	4512	232444
湖 北	411646	12812	92862	411646			163564
湖 南	208294		168413	175748		32546	208294
广 东	2619161	159049	1697092	2592301	25240	1620	1324249
广 西							
海 南							
重 庆	67001		10145	49485	17516		
四 川	3557	247		247	3310		2156
贵 州	4163			3247	916		
云 南	45				45		45
西 藏							
陕 西	116454	2072	3512	95904	18850	1700	17910
甘 肃	66	66		66			66
青 海							
宁 夏	16744		16744	16744			
新 疆							

2–79 各地区外商投资建筑业企业房屋建筑面积

地 区	房屋施工面积（万平方米）	#本年新开工	房屋竣工面积（万平方米）	房屋竣工率（%）
全国总计	**6366**	**2673**	**1104**	**17.3**
北 京	194	8	14	7.0
天 津				
河 北	33	2		
山 西				
内蒙古				
辽 宁			0	
吉 林				
黑龙江				
上 海	113	48	43	38.5
江 苏	216	30	34	15.9
浙 江	272	221	45	16.7
安 徽				
福 建	18	9	18	100.0
江 西				
山 东	68	56	33	49.2
河 南	1			
湖 北	249	141	54	21.7
湖 南				
广 东	5158	2156	862	16.7
广 西				
海 南				
重 庆				
四 川				
贵 州				
云 南				
西 藏				
陕 西	44	1		
甘 肃				
青 海				
宁 夏				
新 疆				

2-80 各地区按主要用途分的外商投资建筑业企业房屋竣工面积

单位：万平方米

地区	总计	住宅房屋	商业及服务用房屋	办公用房屋	科研、教育和医疗用房屋
全国总计	**1104**	**1014**		**8**	
北京	14	12			
天津					
河北					
山西					
内蒙古					
辽宁	0				
吉林					
黑龙江					
上海	43				
江苏	34	14		0	
浙江	45	45			
安徽					
福建	18				
江西					
山东	33	33			
河南					
湖北	54	47		7	
湖南					
广东	862	862			
广西					
海南					
重庆					
四川					
贵州					
云南					
西藏					
陕西					
甘肃					
青海					
宁夏					
新疆					

2-80 续表 单位：万平方米

地区	文化、体育和娱乐用房屋	厂房及建筑物	仓库	其他未列明的房屋建筑物
全国总计		**65**		**18**
北京		1		
天津				
河北				
山西				
内蒙古				
辽宁		0		
吉林				
黑龙江				
上海		43		
江苏		20		
浙江				
安徽				
福建				18
江西				
山东		0		
河南				
湖北				
湖南				
广东				
广西				
海南				
重庆				
四川				
贵州				
云南				
西藏				
陕西				
甘肃				
青海				
宁夏				
新疆				

2-81 各地区按主要用途分的外商投资建筑业企业房屋竣工价值

单位：万元

地区	总计	住宅房屋	商业及服务用房屋	办公用房屋	科研、教育和医疗用房屋
全国总计	**1834346**	**1499861**		**8267**	
北京	14417	11900			
天津					
河北					
山西					
内蒙古					
辽宁	224				
吉林					
黑龙江					
上海	127333				
江苏	221688	47447		671	
浙江	95482	95482			
安徽					
福建	22324				
江西					
山东	72494	72244			
河南					
湖北	159912	152316		7596	
湖南					
广东	1120473	1120473			
广西					
海南					
重庆					
四川					
贵州					
云南					
西藏					
陕西					
甘肃					
青海					
宁夏					
新疆					

2-81 续表 单位：万元

地　区	文化、体育和娱乐用房屋	厂房及建筑物	仓　库	其他未列明的房屋建筑物
全国总计		**303895**		**22324**
北　京		2517		
天　津				
河　北				
山　西				
内蒙古				
辽　宁		224		
吉　林				
黑龙江				
上　海		127333		
江　苏		173571		
浙　江				
安　徽				
福　建				22324
江　西				
山　东		250		
河　南				
湖　北				
湖　南				
广　东				
广　西				
海　南				
重　庆				
四　川				
贵　州				
云　南				
西　藏				
陕　西				
甘　肃				
青　海				
宁　夏				
新　疆				

2-82 各地区外商投资建筑业企业主要生产效益指标

地区	建筑业企业个数（个）	从事建筑业活动的平均人数（人）	按总产值计算的劳动生产率（元/人）	人均竣工产值（元/人）	人均施工面积（平方米/人）	人均竣工面积（平方米/人）
全国总计	**189**	**136156**	**704310**	**424039**	**467.5**	**81.1**
北京	22	7954	668759	346744	244.4	17.2
天津	6	861	936947	188873		
河北	1	689	1926270		483.7	
山西	1	37	965243	965243		
内蒙古						
辽宁	13	550	625296	447785		5.8
吉林						
黑龙江	3	706	212768	15857		
上海	40	19637	416842	202766	57.5	22.1
江苏	35	63177	453403	449193	34.2	5.5
浙江	5	9281	582937	136320	293.0	49.0
安徽	2	121	1216620	303025		
福建	9	3528	1151859	124151	50.1	50.1
江西						
山东	9	6369	535471	146659	106.9	52.6
河南	8	2364	1514341	983267	2.7	
湖北	4	1982	2076922	825247	1255.1	272.1
湖南	1	4541	458697	458697		
广东	15	10658	2457460	1242493	4839.9	808.7
广西						
海南						
重庆	1	543	1233897			
四川	3	50	711400	431200		
贵州	1	25	1665320			
云南	1	15	30200	30200		
西藏						
陕西	7	2624	443802	68255	166.6	
甘肃	1	4	165750	165750		
青海						
宁夏	1	440	380541			
新疆						

2-83 各地区外商投资建筑业企业资产构成

单位：万元

地区	资产总计	#流动资产合计	#存货
全国总计	**19084179**	**17353222**	**2525114**
北京	1337186	1208529	170554
天津	118996	104596	5136
河北	47587	44228	
山西	6008	5965	1936
内蒙古			
辽宁	101861	51143	2349
吉林			
黑龙江	24751	22143	6881
上海	1292907	1182862	127204
江苏	4026235	3089975	175913
浙江	295590	288092	66629
安徽	61524	25847	779
福建	374803	366208	3954
江西			
山东	983403	816858	14314
河南	521469	461682	43823
湖北	243063	224866	51132
湖南	301509	286724	36008
广东	8776804	8643836	1795830
广西			
海南			
重庆	119322	92383	18253
四川	9759	9655	302
贵州	8024	7970	1078
云南			
西藏			
陕西	252352	251313	538
甘肃	2783	1474	52
青海			
宁夏	178245	166874	2450
新疆			

2-84 各地区外商投资建筑业企业固定资产情况

单位：万元

地区	固定资产原价	累计折旧	#本年折旧	在建工程
全国总计	**943475**	**396929**	**39257**	**109512**
北京	89536	54044	2448	34765
天津	18708	13175	980	1628
河北	2944	329	329	
山西	159	116	20	
内蒙古				
辽宁	45487	15035	1174	4144
吉林				
黑龙江	4423	1982	-31	
上海	43551	26789	2414	29014
江苏	404434	146544	19743	20606
浙江	3832	2542	270	43
安徽	41424	7586	1209	1324
福建	1539	1117	86	
江西				
山东	110318	44644	4105	5190
河南	58795	13243	1902	8806
湖北	18017	8767	656	916
湖南				
广东	36189	21574	2679	3076
广西				
海南				
重庆	23493	9283	805	
四川	721	658	5	
贵州	72	17		
云南				
西藏				
陕西	2011	1685	466	
甘肃	69	64		
青海				
宁夏	37755	27736		
新疆				

2–85 各地区外商投资建筑业企业负债及所有者权益

单位：万元

地 区	负债合计	#流动负债	#应付账款	所有者权益	#实收资本
全国总计	**13557965**	**12152169**	**4837713**	**5526214**	**1627538**
北 京	1128026	1106227	504031	209160	164780
天 津	66746	66174	50690	52250	24787
河 北	41390	41390	26292	6198	5000
山 西	3978	3976	1106	2030	1000
内蒙古					
辽 宁	64249	53316	30526	37612	21804
吉 林					
黑龙江	20433	20433	7480	4317	4512
上 海	887188	838240	228814	405719	140190
江 苏	2361708	2247182	1239796	1664527	435748
浙 江	265175	195435	37593	30415	24964
安 徽	42811	39972	11484	18713	5123
福 建	168909	165923	84213	205894	31453
江 西					
山 东	648790	621071	379280	334614	19382
河 南	352530	287732	156215	168940	48323
湖 北	131988	130343	66988	111075	60820
湖 南	142618	142618	102205	158891	5691
广 东	6856798	5820059	1794315	1920006	586110
广 西					
海 南					
重 庆	94916	93602	53720	24406	10000
四 川	7287	7287	845	2473	1150
贵 州	3999	3999	3443	4025	500
云 南					
西 藏					
陕 西	149716	148480	27083	102636	5700
甘 肃	147	147	25	2636	500
青 海					
宁 夏	118565	118565	31570	59680	30000
新 疆					

2-86 各地区外商投资建筑业企业收入情况

单位：万元

地区	主营业务收入	主营业务成本	主营业务税金及附加	其他业务收入	其他业务利润
全国总计	**10721603**	**9490714**	**40863**	**388123**	**7115**
北京	1039819	936502	2472	13434	2898
天津	93917	77165	500	456	284
河北	150468	147705	99		
山西	3243	2937	15	329	
内蒙古					
辽宁	21951	14873	217	11246	
吉林					
黑龙江	14900	14515	76	6674	
上海	1537910	1364475	4408	955	217
江苏	2623435	2214357	8126	27663	2472
浙江	231654	222556	536	22004	-31
安徽	23375	15199	2	867	
福建	345356	316472	1089	358	19
江西					
山东	284538	240820	8856	1718	23
河南	231659	184909	775	488	-62
湖北	345468	301780	1247		
湖南				208294	
广东	3480900	3203028	11082	3162	866
广西					
海南					
重庆	70477	65130			
四川	3549	2483	30	235	3
贵州	4163	2764		167	
云南					
西藏					
陕西	131042	108245	892	89284	
甘肃	61	40	0		
青海					
宁夏	83719	54760	441	790	427
新疆					

2-87 各地区外商投资建筑业企业费用情况

单位：万元

地区	管理费用	销售费用	研发费用	财务费用	#利息收入	#利息支出
全国总计	**353960**	**69572**	**207614**	**52731**	**13266**	**66887**
北京	50684	18901	13352	7076	1979	8128
天津	7446	3666	2732	-94	128	30
河北	1945			-31	-68	
山西	50			27	-1	29
内蒙古						
辽宁	5206	70	525	895	59	953
吉林						
黑龙江	1442	111	3	401	1	0
上海	79213	10100	2846	-5261	3459	1023
江苏	78770	28254	64498	884	8934	5687
浙江	4837			1492	1	363
安徽	1417		349	267		
福建	4211	1303	74	246	-397	600
江西						
山东	8748	3097	5284	2500	116	2507
河南	8542	1393	6468	168	422	740
湖北	21413	116	137	2239	0	2214
湖南	7289	37	6395	-51		
广东	59434	2452	103313	44304	-1195	44432
广西						
海南						
重庆	2144		1639	26	139	180
四川	167	71		-140	-140	
贵州	195			0		
云南						
西藏						
陕西	4864			-2818	-171	2
甘肃	30			0		
青海						
宁夏	5915			603		
新疆						

2-88 各地区外商投资建筑业企业利润及税金情况

单位：万元

地区	利润总额	#所得税费用	税金总额	主营业务税金及附加	应交增值税
全国总计	**93093**	**37088**	**288058**	**40863**	**247195**
北京	18444	4060	20570	2472	18098
天津	3078	675	3191	500	2691
河北	805	208	174	99	75
山西	239	16	127	15	112
内蒙古					
辽宁	1279	371	1225	217	1008
吉林					
黑龙江	-321	14	627	76	551
上海	97428	21619	38740	4408	34332
江苏	-288772	-41137	65079	8126	56953
浙江	5067	599	5323	536	4787
安徽	6642	1736	865	2	863
福建	22795	6315	8912	1089	7823
江西					
山东	20820	5344	16084	8856	7227
河南	32123	5289	6813	775	6038
湖北	18772	4663	4894	1247	3647
湖南	42703	6436	9468		9468
广东	59191	10525	86433	11082	75351
广西					
海南					
重庆	1288		774		774
四川	1095	165	133	30	103
贵州	938	141	119		119
云南					
西藏					
陕西	27141	6637	15772	892	14880
甘肃	-9		6	0	6
青海					
宁夏	22348	3413	2730	441	2289
新疆					

2-89 各地区外商投资建筑业企业应收工程款及企业亏损情况

地　　区	应收工程款（万元）	企业个数（个）	#亏损企业个数	亏损企业的比重（%）
全国总计	**2082647**	**189**	**48**	**25.4**
北　　京	458751	22	9	40.9
天　　津	12913	6	1	16.7
河　　北	23618	1		
山　　西	1026	1		
内 蒙 古				
辽　　宁	4818	13	9	69.2
吉　　林				
黑 龙 江	9130	3	1	33.3
上　　海	224880	40	10	25.0
江　　苏	301495	35	5	14.3
浙　　江	36135	5	1	20.0
安　　徽	962	2	1	50.0
福　　建	81247	9	3	33.3
江　　西				
山　　东	326953	9	2	22.2
河　　南	227270	8	1	12.5
湖　　北	39821	4		
湖　　南		1		
广　　东	202090	15	3	20.0
广　　西				
海　　南				
重　　庆		1		
四　　川	17	3		
贵　　州		1		
云　　南		1		
西　　藏				
陕　　西	19332	7	1	14.3
甘　　肃	629	1	1	100.0
青　　海				
宁　　夏	111562	1		
新　　疆				

2-90 各地区外商投资建筑业企业主要经济效益指标

地 区	产值利润率(%)	产值利税率(%)	资本利润率(%)	资本利税率(%)	人均利润(元/人)	人均利税(元/人)	资产负债率(%)
全国总计	**1.0**	**4.0**	**5.7**	**23.4**	**6837**	**27994**	**71.0**
北 京	3.5	7.3	11.2	23.7	23189	49050	84.4
天 津	3.8	7.8	12.4	25.3	35744	72808	56.1
河 北	0.6	0.7	16.1	19.6	11678	14200	87.0
山 西	6.7	10.2	23.9	36.6	64568	98865	66.2
内蒙古							
辽 宁	3.7	7.3	5.9	11.5	23251	45518	63.1
吉 林							
黑龙江	-2.1	2.0	-7.1	6.8	-4541	4346	82.6
上 海	11.9	16.6	69.5	97.1	49614	69342	68.6
江 苏	-10.1	-7.8	-66.3	-51.3	-45708	-35407	58.7
浙 江	0.9	1.9	20.3	41.6	5460	11195	89.7
安 徽	45.1	51.0	129.6	146.5	548926	620372	69.6
福 建	5.6	7.8	72.5	100.8	64610	89870	45.1
江 西							
山 东	6.1	10.8	107.4	190.4	32690	57943	66.0
河 南	9.0	10.9	66.5	80.6	135882	164703	67.6
湖 北	4.6	5.7	30.9	38.9	94714	119406	54.3
湖 南	20.5	25.0	750.3	916.7	94040	114890	47.3
广 东	2.3	5.6	10.1	24.8	55537	136634	78.1
广 西							
海 南							
重 庆	1.9	3.1	12.9	20.6	23724	37985	79.5
四 川	30.8	34.5	95.2	106.8	219020	245700	74.7
贵 州	22.5	25.4	187.6	211.4	375160	422880	49.8
云 南							
西 藏							
陕 西	23.3	36.8	476.1	752.8	103433	163540	59.3
甘 肃	-14.0	-5.6	-1.9	-0.7	-23250	-9250	5.3
青 海							
宁 夏	133.5	149.8	74.5	83.6	507898	569934	66.5
新 疆							

2-91　各地区港澳台商投资建筑业企业签订合同情况

单位：万元

地　区	签订合同额	上年结转合同额	本年新签合同额
全国总计	**31131283**	**16853533**	**14277750**
北　京	1963831	763084	1200747
天　津	40333	26708	13624
河　北	10699399	6924436	3774963
山　西	10		10
内蒙古			
辽　宁	1301067	1234976	66091
吉　林	130089	43410	86680
黑龙江	1525	332	1194
上　海	1446848	547256	899592
江　苏	338508	103095	235412
浙　江	4148602	1435321	2713282
安　徽	89686	55168	34519
福　建	1901073	971769	929304
江　西	125326	23203	102123
山　东	416155	285823	130333
河　南	44886	38293	6593
湖　北	14353	5999	8353
湖　南	204509	17379	187131
广　东	7750083	3964808	3785275
广　西			
海　南			
重　庆	301771	292042	9730
四　川	10115	820	9296
贵　州	9157	9137	20
云　南			
西　藏			
陕　西	193918	110476	83442
甘　肃			
青　海			
宁　夏			
新　疆	39		39

2-92 各地区港澳台商投资建筑业企业承包工程完成情况

单位：万元

地 区	直接从建设单位承揽工程完成的产值			从建设单位以外承揽工程完成的产值
		自行完成施工产值	分包出去工程的产值	
全国总计	**13912461**	**12336032**	**1576430**	**620579**
北 京	764560	635838	128722	59925
天 津	18802	18802		11130
河 北	4089055	4089055		
山 西	10	10		
内 蒙 古				
辽 宁	290857	290557	300	
吉 林	99545	99545		350
黑 龙 江	1525	1525		
上 海	718188	608276	109912	110110
江 苏	224213	222312	1901	7627
浙 江	2601894	2594421	7473	82435
安 徽	44778	44526	253	
福 建	1268769	1248769	20000	16217
江 西	83959	83959		
山 东	339976	339976		
河 南	12174	12174		
湖 北	8544	7918	626	
湖 南	203776	203776		
广 东	2989431	1689435	1299996	292504
广 西				
海 南				
重 庆	19690	15036	4654	37439
四 川	9676	7082	2594	2842
贵 州	4677	4677		
云 南				
西 藏				
陕 西	118325	118325		
甘 肃				
青 海				
宁 夏				
新 疆	39	39		

2-93 各地区港澳台商投资企业建筑业总产值和竣工产值

单位：万元

地区	建筑业总产值	#装饰装修产值	#在外省完成的产值	按构成分组			竣工产值
				建筑工程产值	安装工程产值	其他产值	
全国总计	**12956610**	**1411127**	**6786600**	**11694861**	**1139739**	**122010**	**7602027**
北京	695763	351120	541150	658407	36623	733	399610
天津	29932	12520	9586	22696	6824	413	5318
河北	4089055	67342	2313662	4083156	795	5104	2134815
山西	10			10			
内蒙古							
辽宁	290557	280281	196555	283258	5235	2064	64616
吉林	99895	1409	86669	91512	6974	1409	8589
黑龙江	1525	1525		1525			2379
上海	718386	191025	268131	428394	255129	34862	277390
江苏	229939	32423	99468	161415	68022	502	192853
浙江	2676856	16205	1225937	2538037	134286	4533	1796606
安徽	44526	21141	20236	10258	22635	11632	3250
福建	1264985	133683	739772	1070126	194720	139	628310
江西	83959	6445	66082	81168	2493	298	3780
山东	339976	109	3325	270185	69791		268538
河南	12174			5216		6958	
湖北	7918	781		7588	330		7329
湖南	203776	2568	18830	198316		5460	83244
广东	1981939	287903	1080342	1655349	299451	27140	1692665
广西							
海南							
重庆	52475	500	44420	25210	9418	17847	500
四川	9924	2425		2425	4583	2916	2425
贵州	4677	1682		2981	1695		2450
云南							
西藏							
陕西	118325		72436	97590	20735		27322
甘肃							
青海							
宁夏							
新疆	39	39		39			39

2-94 各地区港澳台商投资建筑业企业房屋建筑面积

地区	房屋施工面积(万平方米)	#本年新开工	房屋竣工面积(万平方米)	房屋竣工率(%)
全国总计	**11194**	**2890**	**2921**	**26.1**
北京	235	101	21	8.8
天津				
河北	5418	693	994	18.3
山西				
内蒙古				
辽宁	1	1	1	100.0
吉林	0	0	0	100.0
黑龙江				
上海	299	187	109	36.5
江苏	51	13	32	62.3
浙江	2218	906	851	38.4
安徽	4	1	3	65.0
福建	859	184	250	29.1
江西				
山东	116	51	132	113.9
河南				
湖北	4	0	4	100.3
湖南	181	63	36	19.9
广东	1707	675	472	27.6
广西				
海南				
重庆				
四川				
贵州	2	1	2	100.0
云南				
西藏				
陕西	100	16	15	14.7
甘肃				
青海				
宁夏				
新疆				

2−95 各地区按主要用途分的港澳台商投资建筑业企业房屋竣工面积

单位：万平方米

地区	总计	住宅房屋	商业及服务用房屋	办公用房屋	科研、教育和医疗用房屋
全国总计	**2921**	**1626**	**197**	**103**	**181**
北京	21	19	2		
天津					
河北	994	638	60	8	115
山西					
内蒙古					
辽宁	1				
吉林	0			0	
黑龙江					
上海	109	31			
江苏	32	26			
浙江	851	207	70	52	36
安徽	3	3			
福建	250	250			
江西					
山东	132	132			
河南					
湖北	4	0		0	
湖南	36	32		1	1
广东	472	274	66	42	26
广西					
海南					
重庆					
四川					
贵州	2				2
云南					
西藏					
陕西	15	15			
甘肃					
青海					
宁夏					
新疆					

2-95 续表

单位：万平方米

地　区	文化、体育和娱乐用房屋	厂房及建筑物	仓　库	其他未列明的房屋建筑物
全国总计	**26**	**746**	**19**	**21**
北　京				
天　津				
河　北	13	149	1	10
山　西				
内蒙古				
辽　宁		1		
吉　林				
黑龙江				
上　海		78		
江　苏		6		
浙　江	14	452	18	3
安　徽				
福　建				
江　西				
山　东				
河　南				
湖　北		4		
湖　南		2		
广　东		54		9
广　西				
海　南				
重　庆				
四　川				
贵　州				
云　南				
西　藏				
陕　西				
甘　肃				
青　海				
宁　夏				
新　疆				

2-96 各地区按主要用途分的港澳台商投资建筑业企业房屋竣工价值

单位：万元

地　　区	总计	住宅房屋	商业及服务用房屋	办公用房屋	科研、教育和医疗用房屋
全国总计	**6405279**	**3448312**	**911881**	**352761**	**595399**
北　京	44434	43646	788		
天　津					
河　北	2086794	1203529	217052	23994	292664
山　西					
内蒙古					
辽　宁	1200				
吉　林	350			350	
黑龙江					
上　海	94098	42551			
江　苏	54799	44625			
浙　江	1761822	558011	233333	212535	132299
安　徽	3250	3250			
福　建	527023	527023			
江　西					
山　东	264544	264544			
河　南					
湖　北	7329	16		11	
湖　南	81869	71352		2456	4436
广　东	1447997	662444	460708	113415	163550
广　西					
海　南					
重　庆					
四　川					
贵　州	2450				2450
云　南					
西　藏					
陕　西	27322	27322			
甘　肃					
青　海					
宁　夏					
新　疆					

2-96 续表

单位：万元

地区	文化、体育和娱乐用房屋	厂房及建筑物	仓库	其他未列明的房屋建筑物
全国总计	**57140**	**960240**	**15873**	**63673**
北京				
天津				
河北	20427	301810	1021	26297
山西				
内蒙古				
辽宁		1200		
吉林				
黑龙江				
上海		51546		
江苏		10174		
浙江	36713	559118	14852	14960
安徽				
福建				
江西				
山东				
河南				
湖北		7303		
湖南		3626		
广东		25463		22417
广西				
海南				
重庆				
四川				
贵州				
云南				
西藏				
陕西				
甘肃				
青海				
宁夏				
新疆				

2-97 各地区港澳台商投资建筑业企业主要生产效益指标

地区	建筑业企业个数(个)	从事建筑业活动的平均人数(人)	按总产值计算的劳动生产率(元/人)	人均竣工产值(元/人)	人均施工面积(平方米/人)	人均竣工面积(平方米/人)
全国总计	**227**	**213371**	**607234**	**356282**	**524.6**	**136.9**
北京	25	12054	577205	331516	195.3	17.3
天津	6	475	630147	111947		
河北	3	65520	624093	325826	826.9	151.7
山西	1	20	4800			
内蒙古						
辽宁	11	3260	891280	198209	1.6	1.6
吉林	3	230	4343252	373443	3.4	3.4
黑龙江	1	30	508467	792933		
上海	41	9130	786841	303823	327.6	119.7
江苏	24	5059	454514	381207	100.7	62.7
浙江	12	42458	630472	423149	522.4	200.5
安徽	5	466	955483	69742	83.6	54.4
福建	15	39142	323179	160521	219.5	63.9
江西	4	1103	761189	34271		
山东	6	4938	688490	543818	235.2	267.9
河南	2	566	215092			
湖北	4	225	351889	325751	160.9	161.4
湖南	2	3114	654385	267321	581.1	115.8
广东	53	22847	867483	740870	747.0	206.4
广西						
海南						
重庆	3	337	1557122	14837		
四川	2	86	1153942	281988		
贵州	1	85	550188	288235	288.2	288.2
云南						
西藏						
陕西	2	2221	532756	123014	448.8	66.1
甘肃						
青海						
宁夏						
新疆	1	5	78400	78400		

2-98 各地区港澳台商投资建筑业企业资产构成

单位：万元

地区	资产总计	#流动资产合计	#存货
全国总计	**22688191**	**18548288**	**1170475**
北京	994191	954320	123001
天津	97440	95561	6666
河北	5353887	4815265	21549
山西	3373	3330	391
内蒙古			
辽宁	993053	916358	108600
吉林	99446	87063	23190
黑龙江	9113	7824	
上海	1264544	1043159	71440
江苏	279957	247997	30173
浙江	2684025	1668523	296399
安徽	93099	70282	18231
福建	529813	501091	90235
江西	74656	62308	5828
山东	498286	482232	27758
河南	94608	92905	53724
湖北	20095	15787	673
湖南	25004	18717	1731
广东	8536681	6870498	250947
广西			
海南			
重庆	920538	478957	31378
四川	4091	3934	103
贵州	2588	2558	1204
云南			
西藏			
陕西	109584	109507	7253
甘肃			
青海			
宁夏			
新疆	119	113	

2-99 各地区港澳台商投资建筑业企业固定资产情况

单位：万元

地区	固定资产原价	累计折旧	#本年折旧	在建工程
全国总计	**670455**	**283161**	**28933**	**160598**
北京	25424	18773	1773	
天津	8196	6539	205	
河北	90750	20218	4137	13983
山西	354	310	5	
内蒙古				
辽宁	102719	68571	1989	5021
吉林	14652	9123	590	
黑龙江	1348	443		
上海	84187	38117	4897	609
江苏	39970	16877	2361	612
浙江	80802	40481	3022	5081
安徽	25316	4608	753	1855
福建	9566	7297	462	1213
江西	4132	1199	410	716
山东	5257	3182	1814	16
河南	1555	57	8	
湖北	665	552	16	
湖南	1096	866	37	2161
广东	160327	39493	5864	129332
广西				
海南				
重庆	13124	5680	522	
四川	804	648	40	
贵州				
云南				
西藏				
陕西	133	55	29	
甘肃				
青海				
宁夏				
新疆	79	74		

2-100 各地区港澳台商投资建筑业企业负债及所有者权益

单位：万元

地区	负债合计	#流动负债	#应付账款	所有者权益	#实收资本
全国总计	**16544776**	**14819576**	**7188789**	**6143415**	**2016279**
北京	720077	703053	403700	274115	98405
天津	60137	60137	20685	37303	29130
河北	4797113	4755949	3131919	556774	181838
山西	2287	2174	1900	1087	1799
内蒙古					
辽宁	518188	508437	197411	474865	227054
吉林	64925	64921	30434	34522	12505
黑龙江	6933	6933	5140	2180	1660
上海	818804	787355	292342	445740	222111
江苏	153848	136014	51031	126109	56847
浙江	1959823	1756251	513132	724202	313017
安徽	62157	60349	19705	30942	14696
福建	392684	392629	125434	137129	65244
江西	36067	36067	16264	38588	14288
山东	434545	419417	186982	63741	61112
河南	81813	81731	61985	12796	4598
湖北	4777	4776	2344	15319	7170
湖南	11215	11215	6339	13789	10866
广东	5689271	4486146	1999935	2847410	497351
广西					
海南					
重庆	641832	458267	87212	278706	189444
四川	990	990	620	3102	1586
贵州	2362	1834	534	226	
云南					
西藏					
陕西	84832	84832	33642	24752	5500
甘肃					
青海					
宁夏					
新疆	100	100	98	19	60

2-101 各地区港澳台商投资建筑业企业收入情况

单位：万元

地　区	主营业务收入	主营业务成本	主营业务税金及附加	其他业务收入	其他业务利润
全国总计	**14003657**	**12669979**	**37832**	**261644**	**19783**
北　京	885143	775965	2422	4216	1402
天　津	28593	19474	118	299	27
河　北	3848105	3663485	9948	46957	8415
山　西	9	13	0		
内蒙古					
辽　宁	225730	182304	1824	126	
吉　林	88237	83028	317	2124	949
黑龙江	1525	1607	2		
上　海	964802	864427	2258	17789	703
江　苏	250990	214011	1219	8764	15
浙　江	2070048	1890972	6549	24413	3834
安　徽	47931	37344	147		
福　建	1264970	1225546	3877	637	3
江　西	21793	17793	26	60155	
山　东	319242	292664	1027	247	247
河　南	12174	10967	97		
湖　北	13555	12703	158		
湖　南	136154	133503	425	34	
广　东	3632148	3088702	6523	80759	3989
广　西					
海　南					
重　庆	64693	54080	236	14524	0
四　川	8395	6761	48	602	200
贵　州	2869	1993	2		
云　南					
西　藏					
陕　西	116513	92633	611		
甘　肃					
青　海					
宁　夏					
新　疆	39	6	0		

2-102 各地区港澳台商投资建筑业企业费用情况

单位：万元

地　　区	管理费用	销售费用	研发费用	财务费用	#利息收入	#利息支出
全国总计	**374124**	**36252**	**137516**	**128978**	**27844**	**131560**
北　　京	40599	6640	12078	-648	976	405
天　　津	7217	707		-22	28	
河　　北	45236	549	6622	10757	1914	10549
山　　西	33					
内 蒙 古						
辽　　宁	32761	4909	6907	5346	24	4937
吉　　林	1597	20		26	-1	0
黑 龙 江	16			0		
上　　海	57246	3729	7837	688	1105	1653
江　　苏	21031	2023	3074	883	-875	1358
浙　　江	46465	5345	63535	22362	9354	31227
安　　徽	3358	213	161	-1	-21	21
福　　建	9186	1390	2501	-215	499	31
江　　西	5290			1000		
山　　东	9058	9	198	5943	2657	5530
河　　南	994			4	7	2
湖　　北	612	2		61	1	0
湖　　南	1541		255	12	1	
广　　东	84374	10705	34348	59637	12033	53393
广　　西						
海　　南						
重　　庆	5099			21732	172	20953
四　　川	337	0		-1	0	
贵　　州	857	12		31		
云　　南						
西　　藏						
陕　　西	1189			1385	-30	1501
甘　　肃						
青　　海						
宁　　夏						
新　　疆	30					

2-103 各地区港澳台商投资建筑业企业利润及税金情况

单位：万元

地　区	利润总额	#所得税费用	税金总额	主营业务税金及附加	应交增值税
全国总计	**637764**	**125477**	**263495**	**37832**	**225663**
北　京	47099	8087	18832	2422	16409
天　津	1162	303	814	118	696
河　北	-29998	-8571	81616	9948	71668
山　西	-38		1	0	1
内蒙古					
辽　宁	-3555	280	4672	1824	2848
吉　林	4739	105	853	317	537
黑龙江	-99		2	2	
上　海	33921	7041	20109	2258	17851
江　苏	14838	2516	9687	1219	8468
浙　江	142668	18807	39894	6549	33345
安　徽	6712	1658	1230	147	1083
福　建	23862	5949	24533	3877	20656
江　西	7337	2134	645	26	618
山　东	6250	781	8328	1027	7302
河　南	152	56	1105	97	1008
湖　北	21	4	464	158	306
湖　南	1151	288	2370	425	1944
广　东	359849	80436	40080	6523	33558
广　西					
海　南					
重　庆	-429	206	4013	236	3777
四　川	1454	198	376	48	329
贵　州	-41	21	57	2	55
云　南					
西　藏					
陕　西	20706	5176	3816	611	3204
甘　肃					
青　海					
宁　夏					
新　疆	3	0	0	0	

2-104 各地区港澳台商投资建筑业企业应收工程款及企业亏损情况

地　区	应收工程款 (万元)	企业个数 (个)	#亏损企业个数	亏损企业的比重 (%)
全国总计	**5852954**	**227**	**51**	**22.5**
北　京	368457	25	6	24.0
天　津	35668	6	1	16.7
河　北	603794	3	2	66.7
山　西	2466	1	1	100.0
内蒙古				
辽　宁	371629	11	4	36.4
吉　林	43363	3		
黑龙江	5623	1	1	100.0
上　海	249166	41	9	22.0
江　苏	84527	24		
浙　江	434611	12	2	16.7
安　徽	1861	5		
福　建	37376	15	2	13.3
江　西	754	4	3	75.0
山　东	171538	6		
河　南		2		
湖　北	529	4	1	25.0
湖　南	926	2		
广　东	3230760	53	16	30.2
广　西				
海　南				
重　庆	177373	3	2	66.7
四　川	3351	2		
贵　州		1	1	100.0
云　南				
西　藏				
陕　西	29095	2		
甘　肃				
青　海				
宁　夏				
新　疆	91	1		

2-105 各地区港澳台商投资建筑业企业主要经济效益指标

地　区	产值利润率(%)	产值利税率(%)	资本利润率(%)	资本利税率(%)	人均利润(元/人)	人均利税(元/人)	资产负债率(%)
全国总计	**4.9**	**7.0**	**31.6**	**44.7**	**29890**	**42239**	**72.9**
北　京	6.8	9.5	47.9	67.0	39073	54696	72.4
天　津	3.9	6.6	4.0	6.8	24455	41587	61.7
河　北	-0.7	1.3	-16.5	28.4	-4578	7878	89.6
山　西	-394.8	-382.3	-2.1	-2.0	-18950	-18350	67.8
内蒙古							
辽　宁	-1.2	0.4	-1.6	0.5	-10904	3426	52.2
吉　林	4.7	5.6	37.9	44.7	206030	243126	65.3
黑龙江	-6.5	-6.4	-6.0	-5.9	-33000	-32433	76.1
上　海	4.7	7.5	15.3	24.3	37154	59179	64.8
江　苏	6.5	10.7	26.1	43.1	29330	48478	55.0
浙　江	5.3	6.8	45.6	58.3	33602	42998	73.0
安　徽	15.1	17.8	45.7	54.0	144030	170423	66.8
福　建	1.9	3.8	36.6	74.2	6096	12364	74.1
江　西	8.7	9.5	51.4	55.9	66520	72364	48.3
山　东	1.8	4.3	10.2	23.9	12657	29523	87.2
河　南	1.3	10.3	3.3	27.3	2689	22212	86.5
湖　北	0.3	6.1	0.3	6.8	924	21547	23.8
湖　南	0.6	1.7	10.6	32.4	3697	11307	44.9
广　东	18.2	20.2	72.4	80.4	157504	175047	66.6
广　西							
海　南							
重　庆	-0.8	6.8	-0.2	1.9	-12733	106332	69.7
四　川	14.7	18.4	91.7	115.4	169093	212814	24.2
贵　州	-0.9	0.3			-4859	1824	91.3
云　南							
西　藏							
陕　西	17.5	20.7	376.5	445.8	93226	110405	77.4
甘　肃							
青　海							
宁　夏							
新　疆	8.4	8.7	5.5	5.7	6600	6800	83.9

三、中央和地方建筑业企业

3-1 各地区中央建筑业企业签订合同情况

单位：万元

地　区	签订合同额	上年结转合同额	本年新签合同额
全国总计	**2249039878**	**1197383966**	**1051655912**
北　京	303799115	166995297	136803818
天　津	110315313	52091822	58223491
河　北	65516589	31947700	33568889
山　西	51216070	25397379	25818691
内蒙古	20689680	13907837	6781843
辽　宁	37172188	16407182	20765006
吉　林	7955127	3960478	3994649
黑龙江	4464441	1998145	2466296
上　海	168029065	88705139	79323926
江　苏	65031178	37893255	27137923
浙　江	10950951	6712712	4238239
安　徽	85897051	37984294	47912757
福　建	49910143	33528090	16382053
江　西	20645422	10386196	10259226
山　东	106821863	51284386	55537477
河　南	122817387	59590444	63226943
湖　北	301111220	159632790	141478430
湖　南	130311112	80810851	49500261
广　东	243216193	126318830	116897363
广　西	19770712	12643497	7127214
海　南	802996	600224	202771
重　庆	42791732	24310998	18480734
四　川	73299899	43127846	30172054
贵　州	38865143	22072069	16793074
云　南	25678582	17251224	8427358
西　藏	661051	480106	180946
陕　西	99549211	50160477	49388733
甘　肃	10325712	5981043	4344669
青　海	9570153	5382635	4187518
宁　夏	1620874	661053	959820
新　疆	20233709	9159969	11073740

3-2 各地区中央建筑业企业承包工程完成情况

单位：万元

地区	直接从建设单位承揽工程完成的产值	自行完成施工产值	分包出去工程的产值	从建设单位以外承揽工程完成的产值
全国总计	**605077200**	**548414145**	**56663056**	**66436695**
北京	92877389	69508193	23369197	17366643
天津	33101202	27425622	5675580	2131465
河北	15751245	15183407	567838	1798801
山西	15253137	14850675	402462	961300
内蒙古	3220966	3220966		26621
辽宁	12333328	11695055	638273	1699941
吉林	2000884	1969638	31245	1054103
黑龙江	1685553	1469142	216411	
上海	36690953	34970868	1720085	4673286
江苏	18954849	18375994	578855	1521781
浙江	3481999	2159875	1322124	952340
安徽	21173525	20328445	845081	1723708
福建	14367757	14348310	19447	1862460
江西	7192367	7192367		14
山东	33357238	28440511	4916728	4710203
河南	31921319	31840589	80730	1068283
湖北	77319734	76814944	504790	2823664
湖南	28686116	28686116		2139038
广东	64872398	55487461	9384937	6839930
广西	6183249	5167374	1015874	1048851
海南	330057	319675	10382	
重庆	11236303	10904660	331643	1815918
四川	16126037	15834816	291222	644530
贵州	11337769	11331169	6600	34370
云南	4574716	4574716		553644
西藏	242657	232982	9675	9675
陕西	27127253	23993789	3133465	8176845
甘肃	3738567	2446294	1292273	
青海	2616156	2508392	107764	130888
宁夏	928136	909630	18506	1093
新疆	6394340	6222470	171870	667303

3-3 各地区中央企业建筑业总产值和竣工产值

单位：万元

地区	建筑业总产值	#装饰装修产值	#在外省完成的产值	按构成分组			竣工产值
				建筑工程产值	安装工程产值	其他产值	
全国总计	**614850840**	**8820465**	**428465682**	**556978831**	**48927101**	**8944908**	**202567312**
北　京	86874835	2934239	78105041	82030271	4136711	707854	32311871
天　津	29557087	67061	25831188	27724100	1532142	300844	8397940
河　北	16982208	79646	12739937	12525968	3232413	1223827	4587070
山　西	15811974	102328	12331074	13810117	1679908	321949	2706276
内蒙古	3247587	110910	2870256	3130400	117188		430162
辽　宁	13394996	19702	9217815	11295066	1678393	421537	3624998
吉　林	3023741		1370482	2498173	518385	7183	458573
黑龙江	1469142		680527	758320	703532	7290	683616
上　海	39644154	1292246	34336743	35722437	3453100	468618	15288663
江　苏	19897775	672	12250321	17205325	2553166	139283	17285735
浙　江	3112215		1511601	2557394	537571	17250	778842
安　徽	22052152	35578	14862157	20602064	1270014	180074	6009719
福　建	16210770	145944	5675406	15350926	847469	12375	4689786
江　西	7192381	410	5152189	5571328	1464422	156631	2413948
山　东	33150713	442039	18646570	29424325	3388012	338376	8316295
河　南	32908873	1032335	19051220	29412569	2957273	539031	10865129
湖　北	79638608	669509	63054390	72599711	5795785	1243112	29719461
湖　南	30825154	743357	24245902	28779965	1474158	571031	15063381
广　东	62327392	376808	23121568	59293345	2380858	653188	11144183
广　西	6216225	6605	3485197	5306613	698314	211298	1770483
海　南	319675		67876	249752	38143	31781	40609
重　庆	12720578	180851	8243037	12127955	486755	105867	4397362
四　川	16479346	178727	8949239	14417368	1585910	476068	5517508
贵　州	11365539	155772	8652061	9137894	2178017	49627	1784682
云　南	5128360	66142	2495380	4777249	332053	19058	1204189
西　藏	242657		10309	242657			140209
陕　西	32170634	101898	24897675	29964906	1695084	510643	8850995
甘　肃	2446294	57478	1429941	1734076	637812	74407	275250
青　海	2639280		2237404	2412059	157178	70043	710133
宁　夏	910723		511874	496269	391965	22489	521081
新　疆	6889773	20208	2431304	5820230	1005370	64173	2579167

3-4 各地区中央建筑业企业房屋建筑面积

地 区	房屋施工面积(万平方米)	#本年新开工	房屋竣工面积(万平方米)	房屋竣工率(%)
全国总计	**325027**	**76111**	**48305**	**14.9**
北 京	67342	14260	9438	14.0
天 津	12435	3288	942	7.6
河 北	4525	1560	290	6.4
山 西	4417	1737	1081	24.5
内蒙古	3368	599	96	2.9
辽 宁	5270	1029	252	4.8
吉 林	800	125	81	10.1
黑龙江	56	6	3	5.7
上 海	23488	5754	3123	13.3
江 苏	7547	798	978	13.0
浙 江	419	44	45	10.7
安 徽	9620	2233	643	6.7
福 建	11309	2681	1174	10.4
江 西	817	45	105	12.9
山 东	15872	3790	1501	9.5
河 南	21804	5074	1997	9.2
湖 北	45896	10521	13332	29.0
湖 南	28257	6219	5014	17.7
广 东	35762	8833	4984	13.9
广 西	669	227	50	7.5
海 南	17		1	5.6
重 庆	3097	702	358	11.6
四 川	5842	1736	1058	18.1
贵 州	3179	764	477	15.0
云 南	743	337	32	4.3
西 藏	34	11	20	59.0
陕 西	7926	1753	717	9.0
甘 肃	608	257	29	4.8
青 海	145	38	1	0.9
宁 夏	90	11	35	38.6
新 疆	3673	1677	445	12.1

3-5 各地区按主要用途分的中央建筑业企业房屋竣工面积

单位：万平方米

地区	总计	住宅房屋	商业及服务用房屋	办公用房屋	科研、教育和医疗用房屋
全国总计	**48305**	**30411**	**4081**	**2180**	**2928**
北京	9438	7062	738	385	464
天津	942	618	27	3	75
河北	290	141	10	12	58
山西	1081	598	50	30	72
内蒙古	96	57		1	14
辽宁	252	170	34	4	
吉林	81	53		1	
黑龙江	3				
上海	3123	1513	488	126	324
江苏	978	562	69	135	102
浙江	45				36
安徽	643	338		22	49
福建	1174	1113	15		33
江西	105	56	3	2	
山东	1501	653	53	419	145
河南	1997	1295	428	53	118
湖北	13332	7067	1445	367	659
湖南	5014	3680	287	283	288
广东	4984	3398	296	142	238
广西	50	32	0	3	2
海南	1	1			
重庆	358	257	39	2	20
四川	1058	513	22	93	147
贵州	477	338	51	45	12
云南	32	15		1	0
西藏	20	20			
陕西	717	486	12	14	49
甘肃	29	29	0		
青海	1	0			
宁夏	35			2	
新疆	445	345	12	35	21

3-5 续表

单位：万平方米

地　区	文化、体育和娱乐用房屋	厂房及建筑物	仓　库	其他未列明的房屋建筑物
全国总计	**802**	**6114**	**290**	**1499**
北　京	130	419	51	190
天　津	19	160	29	11
河　北	2	52	5	10
山　西	0	249	17	65
内蒙古	19	5		
辽　宁	3	35		5
吉　林		27		
黑龙江				3
上　海	174	450	47	1
江　苏	14	54		41
浙　江		9		
安　徽	22	110		102
福　建		13		
江　西		41		3
山　东	11	166	0	54
河　南	14	56	14	19
湖　北	155	3157	16	467
湖　南	68	251	61	95
广　东	61	510	3	334
广　西	3	2	4	4
海　南				
重　庆	6	31		4
四　川	72	164	43	3
贵　州	0	23		8
云　南		14		1
西　藏				
陕　西	16	75		64
甘　肃				
青　海		1	0	
宁　夏		33		
新　疆	13	6		14

3-6 各地区按主要用途分的中央建筑业企业房屋竣工价值

单位：万元

地区	总计	住宅房屋	商业及服务用房屋	办公用房屋	科研、教育和医疗用房屋
全国总计	**102357102**	**52315130**	**11472031**	**7656207**	**9440697**
北京	24160594	15377709	2401759	1990208	1568700
天津	2193320	1256767	49462	21231	323254
河北	476814	149423	15663	40371	82265
山西	1892126	960683	61925	106254	214509
内蒙古	158496	87696		936	19280
辽宁	513524	321958	82301	28294	
吉林	64569	31831		12468	
黑龙江	6620				
上海	9735958	3344283	1537467	574588	1305003
江苏	2718658	1048171	333218	356587	291948
浙江	78159				64900
安徽	1737870	558660		66482	146656
福建	2300840	2160111	46300		69779
江西	234409	157611	12317	2543	
山东	5330885	1950890	248753	1523137	522745
河南	5004436	2568404	1535592	240852	353421
湖北	19587174	6715267	3137524	1444414	1926021
湖南	11165600	7099480	897594	587583	986605
广东	7394419	4782886	801688	173370	407005
广西	187090	98177	244	30978	17636
海南	224	224			
重庆	833864	519720	93901	5934	52776
四川	2698621	1041932	29245	269494	686971
贵州	901467	602408	103029	91247	34736
云南	62487	39622		1203	536
西藏	50541	50541			
陕西	1699334	685269	42022	7991	291605
甘肃	46028	45131	897		
青海	3288	243			
宁夏	133543			4941	
新疆	986145	660032	41132	75102	74347

3-6 续表

单位：万元

地　区	文化、体育和娱乐用房屋	厂房及建筑物	仓　库	其他未列明的房屋建筑物
全国总计	**3869550**	**10193062**	**755734**	**6654690**
北　京	748495	1291743	116594	665385
天　津	62719	378987	47797	53103
河　北	7714	136126	9599	35653
山　西	428	336270	45255	166802
内蒙古	41771	8813		
辽　宁	5366	64330		11275
吉　林		20270		
黑龙江				6620
上　海	1297971	1582314	89547	4785
江　苏	36843	118238		533654
浙　江		13259		
安　徽	77249	267799		621025
福　建		24651		
江　西		60857		1081
山　东	64815	982385	43	38117
河　南	103038	133438	21679	48014
湖　北	594567	2502840	76785	3189757
湖　南	208148	589486	272065	524640
广　东	159084	891442	13637	165306
广　西	9403	4149	12368	14134
海　南				
重　庆	37132	83200		41200
四　川	252031	354966	49593	14389
贵　州	662	34393		34991
云　南		20121		1005
西　藏				
陕　西	71155	147749		453544
甘　肃				
青　海		2273	772	
宁　夏		128602		
新　疆	90960	14363		30210

3-7 各地区中央建筑业企业主要生产效益指标

地区	建筑业企业个数(个)	从事建筑业活动的平均人数(人)	按总产值计算的劳动生产率(元/人)	人均竣工产值(元/人)	人均施工面积(平方米/人)	人均竣工面积(平方米/人)
全国总计	**1300**	**7679692**	**800619**	**263770**	**423.2**	**62.9**
北京	154	1224134	709684	263957	550.1	77.1
天津	69	330070	895479	254429	376.7	28.5
河北	52	129811	1308226	353365	348.6	22.3
山西	51	360031	439184	75168	122.7	30.0
内蒙古	5	36305	894529	118486	927.8	26.5
辽宁	74	138764	965308	261235	379.8	18.2
吉林	31	29427	1027540	155834	271.7	27.4
黑龙江	13	31056	473062	220124	18.1	1.0
上海	50	362526	1093553	421726	647.9	86.2
江苏	44	295864	672531	584246	255.1	33.0
浙江	24	40760	763546	191080	102.8	11.0
安徽	32	176084	1252365	341298	546.3	36.5
福建	32	411837	393621	113875	274.6	28.5
江西	23	48313	1488705	499648	169.1	21.8
山东	58	359652	921744	231232	441.3	41.7
河南	61	423243	777541	256711	515.2	47.2
湖北	69	694144	1147292	428145	661.2	192.1
湖南	36	429521	717663	350702	657.9	116.7
广东	107	844398	738128	131978	423.5	59.0
广西	28	70203	885464	252195	95.2	7.2
海南	4	2172	1471802	186966	76.3	4.3
重庆	29	157570	807297	279074	196.5	22.7
四川	39	158088	1042416	349015	369.5	66.9
贵州	23	179463	633308	99446	177.1	26.6
云南	18	102366	500983	117636	72.6	3.1
西藏	11	2008	1208452	698252	170.5	100.7
陕西	75	465715	690779	190052	170.2	15.4
甘肃	19	23587	1037137	116696	257.9	12.4
青海	9	17122	1541455	414749	84.4	0.7
宁夏	8	12083	753723	431251	74.9	28.9
新疆	52	123375	558442	209051	297.7	36.1

3-8 各地区中央建筑业企业资产构成

单位：万元

地区	资产总计	#流动资产合计	#存货
全国总计	**851879995**	**582320287**	**32177861**
北京	242132267	122290069	2595105
天津	50284760	35447034	1192299
河北	19292700	16566365	1256310
山西	29655308	23922567	973374
内蒙古	2275525	1869813	532209
辽宁	17210980	14787223	698932
吉林	2716154	2047683	197078
黑龙江	3596887	3317628	562290
上海	48577112	35625424	1225125
江苏	18290701	15426916	1269100
浙江	4845459	3526198	313246
安徽	22135705	17537402	675895
福建	9874045	7774294	477993
江西	5784034	5385407	368233
山东	33501995	27138750	1272022
河南	26797385	22038398	1025841
湖北	94866652	66319108	11451975
湖南	30397052	21648573	813436
广东	73181703	50988237	1614547
广西	7639643	4811479	222869
海南	592555	482427	16568
重庆	12137705	9138864	306599
四川	19432461	14963074	751507
贵州	14744893	12525676	186906
云南	6253320	4612150	194936
西藏	1254388	921105	11091
陕西	35854106	27140637	1225875
甘肃	5212891	4125562	87575
青海	3693688	2311099	192065
宁夏	830908	754923	58657
新疆	8817015	6876203	408204

3-9 各地区中央建筑业企业固定资产情况

单位：万元

地 区	固定资产原价	累计折旧	#本年折旧	在建工程
全国总计	**52473407**	**29761649**	**3445037**	**2106357**
北 京	5640121	3019460	418644	214151
天 津	5021360	2721691	294642	173251
河 北	2704584	1772611	116719	28003
山 西	2299088	1475551	293527	50050
内蒙古	146500	77505	7415	5136
辽 宁	1746221	1134427	100911	31387
吉 林	355657	193269	19075	2344
黑龙江	588915	404594	21885	9807
上 海	2900818	1590713	161770	76450
江 苏	1643709	857768	115038	47862
浙 江	500681	278582	31366	4752
安 徽	1246334	663192	71320	46409
福 建	719679	413214	41115	11866
江 西	544404	402190	24716	6796
山 东	2398222	1505039	197129	36923
河 南	2229256	1280801	157850	68436
湖 北	8027430	4129654	503101	567774
湖 南	1700873	842425	163216	139653
广 东	3254027	1601707	199690	361696
广 西	665461	449007	29976	16456
海 南	17161	11259	3077	
重 庆	1135827	725390	110900	21710
四 川	1351810	836352	60494	12197
贵 州	483900	277889	24111	3502
云 南	484835	296456	46616	2855
西 藏	47451	24901	1759	
陕 西	3227645	2002010	177164	55255
甘 肃	290040	185988	22644	4901
青 海	418207	207463	4660	14050
宁 夏	110877	57122	4032	696
新 疆	572316	323420	20477	91987

3-10 各地区中央建筑业企业负债及所有者权益

单位：万元

地区	负债合计	#流动负债	#应付账款	所有者权益	#实收资本
全国总计	**633907916**	**579627490**	**243446358**	**217972079**	**87840992**
北京	149245441	131974485	46090629	92886826	26078225
天津	39419404	37007038	14089262	10865356	5459002
河北	15806611	14998789	6370517	3486089	2252397
山西	25105445	24100596	8705664	4549863	2563917
内蒙古	1941921	1825040	809572	333603	171249
辽宁	14718244	13750545	5108298	2492737	2152222
吉林	2253073	1965717	999768	463081	408058
黑龙江	3604578	3547229	1449258	-7691	533840
上海	37004164	35823722	16757552	11572948	5535958
江苏	14490955	13742314	5847050	3799747	1743627
浙江	3701060	3490531	1716562	1144399	668143
安徽	18242181	17782808	6666729	3893524	1972661
福建	7842503	7367502	3962970	2031542	971172
江西	5381113	5209001	2161991	402921	432721
山东	28215108	27340149	12603791	5286887	3032244
河南	21668090	20739694	7653257	5129295	2564693
湖北	70815086	58887313	29478280	24051566	6965818
湖南	24009036	21335547	10571426	6388016	3229451
广东	56290630	51118764	23690264	16891073	7490989
广西	5890753	5245657	1741916	1748890	1281931
海南	254228	252467	164782	338327	337326
重庆	10122090	9640272	3923522	2015615	1324896
四川	15612060	14335233	7542479	3820401	2758418
贵州	12584717	12085435	4317509	2160175	1547142
云南	4823008	4463599	1813244	1430312	498801
西藏	953575	465682	197586	300813	230553
陕西	28795753	27369055	12996700	7058353	3753787
甘肃	4311300	3997615	1747307	901591	596385
青海	2757610	2245361	1004605	936079	298503
宁夏	689609	672242	374793	141299	95254
新疆	7358572	6848089	2889079	1458443	891611

3-11 各地区中央建筑业企业收入情况

单位：万元

地区	主营业务收入	主营业务成本	主营业务税金及附加	其他业务收入	其他业务利润
全国总计	**632576346**	**587935905**	**1260415**	**5039053**	**744484**
北京	113296670	105227831	205302	631022	229758
天津	31445121	29115618	51655	242714	12656
河北	15688382	14419520	62053	161328	16136
山西	16981759	15784602	34074	189486	47584
内蒙古	2830193	2703039	5459	4177	2106
辽宁	11659362	10927492	27956	152813	8096
吉林	2768425	2622793	5852	9114	2481
黑龙江	2010079	1940711	1787	21042	4504
上海	48639071	46084844	80476	88863	30108
江苏	18934343	17517586	39985	135134	15202
浙江	4468347	4180383	6982	358917	7969
安徽	20441688	19105267	39070	152355	60673
福建	11707290	10883535	26553	58000	17482
江西	6152403	5794225	8007	29595	4544
山东	35057317	32995496	69062	189832	21282
河南	26149683	24182644	54613	89261	27758
湖北	81358183	73962037	230041	514983	67580
湖南	28591205	26301741	63053	57617	6408
广东	58991237	55041116	94821	752741	50652
广西	4569674	4203017	8041	460578	5444
海南	365715	344178	913	89	89
重庆	10027528	9370787	15563	45700	3537
四川	18463965	17106214	31706	147958	15102
贵州	10397371	9926709	7026	65252	28212
云南	4457489	3964234	9106	27234	6699
西藏	296011	285859	758	2064	431
陕西	32178955	30266627	51134	331701	27079
甘肃	3667449	3529525	5373	27815	2480
青海	3289153	2969872	2766	57099	9495
宁夏	1021628	940064	2976	5808	1740
新疆	6670653	6238340	18253	28764	11197

3-12 各地区中央建筑业企业费用情况

单位：万元

地　区	管理费用	销售费用	研发费用	财务费用	#利息收入	#利息支出
全国总计	**12068867**	**745918**	**15204102**	**2909372**	**3185754**	**4832360**
北　京	2129372	130610	2916893	412514	1288837	1545727
天　津	571108	35384	1008697	143204	254285	324288
河　北	454150	48185	363756	126421	25119	123616
山　西	274450	5513	465440	88327	76697	133399
内蒙古	36395	5901	6876	10321	2381	9751
辽　宁	339161	4777	238906	121305	17734	125817
吉　林	72611	1319	66831	10789	29006	65042
黑龙江	56231	5509	15721	8069	1917	8562
上　海	725893	90041	973716	191512	265711	237394
江　苏	341124	15841	418538	73289	42375	82975
浙　江	118873	6654	105115	-2054	29878	19099
安　徽	287707	5966	506677	44227	55600	30746
福　建	168508	7358	238100	59981	21949	22725
江　西	207522	9687	142141	20250	18566	29799
山　东	512070	38062	767243	100921	114384	170790
河　南	425551	13367	671734	146237	43355	127499
湖　北	1932060	155779	2242555	363892	197272	495737
湖　南	521664	15104	704117	149224	113351	197050
广　东	791567	23087	1347286	300940	234235	380655
广　西	143040	4285	83895	67500	4994	66748
海　南	6050	33	3390	-437	1805	407
重　庆	198114	20770	235222	100354	32587	81840
四　川	554069	38674	453274	24873	111418	121909
贵　州	208125	1053	154976	96327	20481	93958
云　南	129120	2310	146571	71638	14505	68488
西　藏	10041			732	17507	18225
陕　西	511424	48197	644062	99189	81597	154931
甘　肃	72979	9906	20924	-16556	45807	24218
青　海	91852	310	122325	27879	8686	1915
宁　夏	24511	698	23396	4809	309	4364
新　疆	153527	1541	115727	63695	13405	64688

3-13 各地区中央建筑业企业利润及税金情况

单位：万元

地区	利润总额	#所得税费用	税金总额	主营业务税金及附加	应交增值税
全国总计	**21608059**	**2447061**	**7521347**	**1260415**	**6260932**
北京	8623255	550492	1235912	205302	1030610
天津	610641	59434	320413	51655	268758
河北	281512	82640	291414	62053	229361
山西	438548	19775	176622	34074	142548
内蒙古	41412	3774	20260	5459	14802
辽宁	-119601	35947	184382	27956	156426
吉林	38772	4399	87373	5852	81521
黑龙江	-125644	2852	38822	1787	37035
上海	1085260	161410	156121	80476	75645
江苏	633852	114027	236229	39985	196244
浙江	92899	17837	52725	6982	45742
安徽	662273	85207	280083	39070	241014
福建	299845	44501	150818	26553	124265
江西	48521	16357	62649	8007	54642
山东	886241	74574	404025	69062	334963
河南	646285	82041	269889	54613	215276
湖北	2546691	464376	1500277	230041	1270236
湖南	906736	116641	406464	63053	343412
广东	1591340	244452	543167	94821	448346
广西	213226	27184	62366	8041	54325
海南	4211	728	4833	913	3920
重庆	237747	23390	107200	15563	91637
四川	535776	93398	271049	31706	239343
贵州	158146	7647	49890	7026	42864
云南	159062	18776	32608	9106	23502
西藏	165	224	2978	758	2220
陕西	849806	64826	414338	51134	363204
甘肃	62802	4121	41754	5373	36380
青海	69015	5823	18970	2766	16204
宁夏	7748	2639	15351	2976	12375
新疆	121518	17571	82368	18253	64115

3-14 各地区中央建筑业企业应收工程款及企业亏损情况

地区	应收工程款(万元)	企业个数(个)	#亏损企业个数	亏损企业的比重(%)
全国总计	**127494962**	**1300**	**130**	**10.0**
北京	22522910	154	21	13.6
天津	6886295	69	3	4.4
河北	2809598	52	7	13.5
山西	5856345	51	4	7.8
内蒙古	503130	5		
辽宁	2858738	74	16	21.6
吉林	554761	31	3	9.7
黑龙江	536614	13	4	30.8
上海	7568730	50	3	6.0
江苏	3422346	44	1	2.3
浙江	813477	24	1	4.2
安徽	4271261	32		
福建	1307285	32	1	3.1
江西	1409690	23	5	21.7
山东	5400123	58	4	6.9
河南	6037219	61	6	9.8
湖北	13848712	69	9	13.0
湖南	4942486	36	3	8.3
广东	14056274	107	12	11.2
广西	944975	28	2	7.1
海南	58954	4		
重庆	2824852	29	2	6.9
四川	2499139	39	5	12.8
贵州	2876595	23	3	13.0
云南	1560276	18	2	11.1
西藏	108173	11	1	9.1
陕西	7757362	75	5	6.7
甘肃	771161	19	1	5.3
青海	555316	9		
宁夏	242987	8		
新疆	1689178	52	6	11.5

3-15 各地区中央建筑业企业主要经济效益指标

地 区	产值利润率(%)	产值利税率(%)	资本利润率(%)	资本利税率(%)	人均利润(元/人)	人均利税(元/人)	资产负债率(%)
全国总计	**3.5**	**4.7**	**24.6**	**33.2**	**28137**	**37930**	**74.4**
北 京	9.9	11.3	33.1	37.8	70444	80540	61.6
天 津	2.1	3.2	11.2	17.1	18500	28208	78.4
河 北	1.7	3.4	12.5	25.4	21686	44135	81.9
山 西	2.8	3.9	17.1	24.0	12181	17087	84.7
内蒙古	1.3	1.9	24.2	36.0	11407	16987	85.3
辽 宁	-0.9	0.5	-5.6	3.0	-8619	4668	85.5
吉 林	1.3	4.2	9.5	30.9	13176	42867	83.0
黑龙江	-8.6	-5.9	-23.5	-16.3	-40457	-27956	100.2
上 海	2.7	3.1	19.6	22.4	29936	34243	76.2
江 苏	3.2	4.4	36.4	49.9	21424	29408	79.2
浙 江	3.0	4.7	13.9	21.8	22792	35727	76.4
安 徽	3.0	4.3	33.6	47.8	37611	53517	82.4
福 建	1.8	2.8	30.9	46.4	7281	10943	79.4
江 西	0.7	1.5	11.2	25.7	10043	23010	93.0
山 东	2.7	3.9	29.2	42.6	24642	35875	84.2
河 南	2.0	2.8	25.2	35.7	15270	21647	80.9
湖 北	3.2	5.1	36.6	58.1	36688	58302	74.6
湖 南	2.9	4.3	28.1	40.7	21110	30574	79.0
广 东	2.6	3.4	21.2	28.5	18846	25278	76.9
广 西	3.4	4.4	16.6	21.5	30373	39256	77.1
海 南	1.3	2.8	1.2	2.7	19389	41639	42.9
重 庆	1.9	2.7	17.9	26.0	15088	21892	83.4
四 川	3.3	4.9	19.4	29.2	33891	51036	80.3
贵 州	1.4	1.8	10.2	13.4	8812	11592	85.3
云 南	3.1	3.7	31.9	38.4	15539	18724	77.1
西 藏	0.1	1.3	0.1	1.4	820	15652	76.0
陕 西	2.6	3.9	22.6	33.7	18247	27144	80.3
甘 肃	2.6	4.3	10.5	17.5	26626	44328	82.7
青 海	2.6	3.3	23.1	29.5	40308	51387	74.7
宁 夏	0.9	2.5	8.1	24.2	6413	19117	83.0
新 疆	1.8	3.0	13.6	22.9	9849	16526	83.5

3-16 各地区地方建筑业企业签订合同情况

单位：万元

地区	签订合同额	上年结转合同额	本年新签合同额
全国总计	**4319825065**	**1925889026**	**2393936039**
北京	123770091	66482043	57288047
天津	30701202	15020487	15680715
河北	96990036	45548325	51441711
山西	82063490	31012254	51051236
内蒙古	21369720	10239426	11130294
辽宁	45197910	16265427	28932483
吉林	35233794	14129606	21104188
黑龙江	25375020	12033570	13341450
上海	158418494	89573941	68844552
江苏	549396975	230438492	318958483
浙江	455184110	230287992	224896118
安徽	140479373	55165086	85314287
福建	245234322	104648727	140585594
江西	131104022	46799795	84304227
山东	238349766	92260735	146089031
河南	174244629	65820244	108424385
湖北	187979691	74244909	113734783
湖南	167129155	69861257	97267898
广东	359460872	179862257	179598615
广西	116820435	58404926	58415509
海南	11233454	6340008	4893447
重庆	132893377	50276701	82616677
四川	361763749	179770243	181993506
贵州	81907342	45320956	36586386
云南	112893316	41304306	71589010
西藏	4865670	2610164	2255507
陕西	118866584	43969360	74897224
甘肃	42105388	18516155	23589232
青海	8266441	4146885	4119555
宁夏	10380482	3318821	7061661
新疆	50146159	22215931	27930229

3-17 各地区地方建筑业企业承包工程完成情况

单位：万元

地区	直接从建设单位承揽工程完成的产值	自行完成施工产值	分包出去工程的产值	从建设单位以外承揽工程完成的产值
全国总计	**2254524685**	**2187736213**	**66788472**	**128195966**
北京	49624470	45709031	3915438	7293494
天津	15704983	13823270	1881713	3150099
河北	46870250	46470204	400046	1393580
山西	40646240	38700600	1945639	2264566
内蒙古	9501228	9450212	51016	95953
辽宁	26681302	26125049	556253	928949
吉林	18723404	18560475	162929	878687
黑龙江	11715508	11640095	75413	175736
上海	61171254	42893104	18278150	9822672
江苏	338707195	337300717	1406478	25246455
浙江	221254812	216740788	4514024	10256674
安徽	78362039	77867504	494534	5920724
福建	137667848	137271268	396581	4622276
江西	87006944	85828779	1178165	4608305
山东	130258296	126807198	3451098	4156920
河南	106917942	105493489	1424454	3518312
湖北	108140468	106956294	1184174	3720563
湖南	100100936	99018589	1082348	2957907
广东	150781355	139184841	11596514	11948984
广西	58925903	58285415	640488	2494287
海南	4121566	4088951	32615	62313
重庆	84203329	82429253	1774077	4280220
四川	156404166	148291003	8113164	8741580
贵州	33816661	33613912	202749	800900
云南	64972573	64424141	548432	3813394
西藏	2420477	2390786	29691	73860
陕西	56332958	55570562	762396	4013349
甘肃	20230751	19961501	269251	297230
青海	3194549	3174703	19846	59275
宁夏	5937658	5815524	122134	89743
新疆	24127622	23848956	278665	508959

3-18 各地区地方企业建筑业总产值和竣工产值

单位：万元

地区	建筑业总产值	#装饰装修产值	#在外省完成的产值	按构成分组			竣工产值
				建筑工程产值	安装工程产值	其他产值	
全国总计	**2315932179**	**115303400**	**578646825**	**2035062035**	**195850294**	**85019850**	**1142664985**
北京	53002526	9580877	25593923	49762355	2987083	253088	29306513
天津	16973369	690154	4880899	13369426	2675448	928495	6789931
河北	47863785	2023469	10302782	39905450	4962960	2995375	23428022
山西	40965167	1309363	6796721	35305895	4163268	1496004	16271796
内蒙古	9546165	138967	1202136	8372635	571677	601854	4041944
辽宁	27053998	1373381	4677351	21785416	3993766	1274816	11608261
吉林	19439162	558707	2439232	16688283	1886796	864084	10789308
黑龙江	11815831	230542	1932032	9980442	1172808	662581	3902059
上海	52715776	6972824	20733778	43426302	7774106	1515368	35699254
江苏	362547172	20283462	157341890	338660706	21092582	2793884	253351575
浙江	226997462	14804879	66322379	201444769	20384529	5168164	120123960
安徽	83788228	2424454	12583589	69185515	6592903	8009811	32521990
福建	141893544	4663419	69087763	131062556	8686602	2144385	60560496
江西	90437084	3655987	25425563	79335962	5551734	5549388	39758504
山东	130964118	6935663	17593274	106955012	19156513	4852594	61036058
河南	109011801	3312329	13175762	94067729	10070839	4873233	50676134
湖北	110676856	5317407	16875233	95937598	10460978	4278281	51437966
湖南	101976496	3244165	21007916	84242165	10168987	7565343	52964970
广东	151133825	14092268	26628349	130114480	15076229	5943116	56740735
广西	60779702	1591892	7950000	52935859	3886035	3957808	30017568
海南	4151264	151195	211094	3620810	366087	164366	2175154
重庆	86709473	3357584	15213538	77918462	5989970	2801041	36818831
四川	157032582	3941404	27372460	137309891	12523787	7198904	70219760
贵州	34414812	584774	5478830	30028516	2079249	2307047	12835883
云南	68237535	1081018	2790540	61878701	4147853	2210981	24735733
西藏	2464646	25027	116033	2363267	50844	50534	767305
陕西	59583911	2182444	9669177	50984660	5712693	2886558	21031292
甘肃	20258730	324099	2205050	17828300	1734769	695661	8606200
青海	3233978	44890	388499	2866886	312935	54157	1111977
宁夏	5905268	50660	430824	5310717	444163	150389	3350035
新疆	24357916	356098	2220211	22413271	1172103	772541	9985772

3-19 各地区地方建筑业企业房屋建筑面积

地区	房屋施工面积（万平方米）	#本年新开工	房屋竣工面积（万平方米）	房屋竣工率（%）
全国总计	**1250437**	**415997**	**359723**	**28.8**
北京	23812	6101	3816	16.0
天津	5587	1292	1248	22.3
河北	31024	8855	7922	25.5
山西	18901	6107	3967	21.0
内蒙古	4129	1697	1224	29.7
辽宁	12860	4427	3206	24.9
吉林	7938	3825	2925	36.9
黑龙江	3697	1832	784	21.2
上海	31315	7968	6109	19.5
江苏	265881	82736	74016	27.8
浙江	181537	51961	43257	23.8
安徽	44267	15346	13363	30.2
福建	75863	23452	18008	23.7
江西	34709	15751	14370	41.4
山东	79140	28781	22517	28.5
河南	45590	17596	16992	37.3
湖北	48120	23190	19780	41.1
湖南	48111	19866	19016	39.5
广东	70216	21692	19542	27.8
广西	28816	7263	8546	29.7
海南	1684	338	475	28.2
重庆	34798	12549	13574	39.0
四川	66510	23317	22193	33.4
贵州	14714	4581	3558	24.2
云南	18008	6727	6617	36.7
西藏	391	122	176	45.0
陕西	28635	8998	6448	22.5
甘肃	11811	3500	2312	19.6
青海	791	239	276	34.9
宁夏	1899	1118	805	42.4
新疆	9683	4768	2679	27.7

3-20 各地区按主要用途分的地方建筑业企业房屋竣工面积

单位：万平方米

地 区	总计	住宅房屋	商业及服务用房屋	办公用房 屋	科研、教育和医疗用房屋
全国总计	**359723**	**239972**	**21178**	**14474**	**17974**
北 京	3816	2285	324	349	256
天 津	1248	710	106	28	91
河 北	7922	5640	314	303	471
山 西	3967	2741	241	136	306
内蒙古	1224	1015	36	24	60
辽 宁	3206	2418	124	77	128
吉 林	2925	2120	89	77	110
黑龙江	784	536	22	14	63
上 海	6109	3454	426	469	395
江 苏	74016	54008	2253	2257	2592
浙 江	43257	23293	3094	1915	1701
安 徽	13363	8309	796	474	663
福 建	18008	12391	1477	707	657
江 西	14370	8745	965	945	687
山 东	22517	15162	1278	1167	1422
河 南	16992	12549	841	735	956
湖 北	19780	13310	1578	840	1024
湖 南	19016	12464	1610	825	1321
广 东	19542	12658	741	571	1161
广 西	8546	5020	604	427	964
海 南	475	361	22	22	53
重 庆	13574	9967	838	440	299
四 川	22193	16020	1738	622	986
贵 州	3558	2325	251	141	309
云 南	6617	4338	485	334	452
西 藏	176	100	30	18	10
陕 西	6448	4316	509	296	424
甘 肃	2312	1609	102	128	140
青 海	276	199	14	17	18
宁 夏	805	438	55	12	49
新 疆	2679	1470	215	103	206

3–20 续表 单位：万平方米

地　区	文化、体育和娱乐用房屋	厂房及建筑物	仓　库	其他未列明的房屋建筑物
全国总计	**3317**	**50283**	**2469**	**10054**
北　京	96	254	31	221
天　津	5	213	5	89
河　北	65	917	39	173
山　西	31	361	21	128
内 蒙 古	16	47	5	22
辽　宁	8	397	7	48
吉　林	55	301	58	116
黑 龙 江	12	90	8	39
上　海	148	820	215	182
江　苏	692	10810	452	952
浙　江	409	11223	534	1090
安　徽	74	2596	64	386
福　建	67	2373	73	263
江　西	154	2296	103	474
山　东	146	2817	121	404
河　南	187	1167	121	436
湖　北	163	2208	89	569
湖　南	176	2033	59	526
广　东	130	3284	127	871
广　西	145	895	79	413
海　南	5	7	0	6
重　庆	40	1386	49	555
四　川	155	1826	70	775
贵　州	24	260	32	217
云　南	77	522	22	386
西　藏	1	4	6	7
陕　西	101	571	22	207
甘　肃	80	117	8	129
青　海	4	3	1	20
宁　夏	16	151	4	80
新　疆	35	336	44	271

3-21 各地区按主要用途分的地方建筑业企业房屋竣工价值

单位：万元

地区	总计	住宅房屋	商业及服务用房屋	办公用房屋	科研、教育和医疗用房屋
全国总计	**691788596**	**452882654**	**43339661**	**30700239**	**45338887**
北京	12485487	6015527	970753	1299466	1192640
天津	2369671	1202892	198873	56851	319882
河北	16585721	12161350	729197	443647	1158167
山西	8148177	4991132	567281	326340	933555
内蒙古	2175847	1665837	70683	46787	165259
辽宁	5350893	4060991	145577	127503	181853
吉林	4905884	3429529	172017	188223	300411
黑龙江	1291528	766088	30511	32953	186740
上海	17748574	9337954	1390818	1460422	1605027
江苏	163626857	118458665	5534031	5762407	7382347
浙江	84155899	47223765	6902001	4032031	4607507
安徽	19687499	12460680	1280444	715420	1136293
福建	37161167	26210723	2986674	1302720	1755308
江西	24453233	14247851	1522840	2331944	1300555
山东	39449464	25354562	2514473	2104668	3385459
河南	25275621	18233641	1199833	1125066	1607469
湖北	32665519	21438149	2926576	1298617	2194627
湖南	31636120	19982732	2493905	1461214	2966482
广东	35048079	22344264	1549340	1370167	2964700
广西	17113165	9518083	1129747	906776	2293642
海南	1426278	1124006	56071	69758	142095
重庆	22055816	15558151	1792497	663138	683114
四川	40836741	28896697	3433842	1203309	2417991
贵州	7629040	4719593	522424	369510	795293
云南	12522517	8122356	898467	684644	1078795
西藏	378972	227507	46686	34217	21182
陕西	13849881	7850173	1476034	706458	1531531
甘肃	5062297	3788291	177663	242548	349029
青海	622239	409550	45337	48453	45937
宁夏	1732590	934938	109389	37822	151087
新疆	4337822	2146976	465677	247162	484911

3-21 续表

单位：万元

地　区	文化、体育和娱乐用房屋	厂房及建筑物	仓　库	其他未列明的房屋建筑物
全国总计	**9869663**	**85053250**	**4776785**	**19827457**
北　京	905836	783036	65112	1253117
天　津	21995	387671	7152	174356
河　北	216461	1440365	79484	357050
山　西	116671	1032686	27748	152764
内蒙古	84958	94780	9128	38415
辽　宁	6181	688478	31573	108738
吉　林	123136	492807	90008	109754
黑龙江	35376	158434	10348	71078
上　海	595764	2086299	551504	720785
江　苏	2050480	21513548	864796	2060582
浙　江	1362768	16415433	1030525	2581870
安　徽	120852	3444075	88634	441102
福　建	214217	4089937	143839	457749
江　西	348393	3744519	182481	774650
山　东	445418	4579575	199494	865815
河　南	200618	1849568	172547	886879
湖　北	378678	3359403	123171	946298
湖　南	434841	3375446	80309	841190
广　东	307057	5121611	343095	1047844
广　西	318643	1459391	132077	1354807
海　南	8280	14615	146	11306
重　庆	74021	2265809	130482	888603
四　川	485137	2868998	125136	1405631
贵　州	65481	667990	88378	400371
云　南	186191	839486	44906	667672
西　藏	942	12356	15178	20903
陕　西	536837	1209172	63137	476538
甘　肃	78866	229057	15928	180914
青　海	8470	8015	2269	54209
宁　夏	31926	335535	4390	127504
新　疆	105168	485156	53808	348964

3-22 各地区地方建筑业企业主要生产效益指标

地区	建筑业企业个数（个）	从事建筑业活动的平均人数（人）	按总产值计算的劳动生产率（元/人）	人均竣工产值（元/人）	人均施工面积（平方米/人）	人均竣工面积（平方米/人）
全国总计	**127443**	**54259595**	**426824**	**210592**	**230.5**	**66.3**
北京	2362	960406	551876	305147	247.9	39.7
天津	2319	553011	306926	122781	101.0	22.6
河北	3090	875173	546907	267696	354.5	90.5
山西	3682	869681	471037	187101	217.3	45.6
内蒙古	1021	209048	456649	193350	197.5	58.6
辽宁	5742	560098	483023	207254	229.6	57.2
吉林	2770	345731	562263	312072	229.6	84.6
黑龙江	2182	279678	422480	139520	132.2	28.0
上海	2310	851696	618951	419155	367.7	71.7
江苏	11352	10057442	360477	251905	264.4	73.6
浙江	8726	5811689	390588	206694	312.4	74.4
安徽	6802	1809571	463028	179722	244.6	73.8
福建	7726	4497571	315489	134652	168.7	40.0
江西	4640	1769075	511211	224742	196.2	81.2
山东	9238	2708878	483463	225319	292.2	83.1
河南	8098	2656790	410314	190742	171.6	64.0
湖北	5008	1805484	613004	284898	266.5	109.6
湖南	3555	2582983	394801	205053	186.3	73.6
广东	8396	3086180	489712	183854	227.5	63.3
广西	2323	1186090	512438	253080	242.9	72.1
海南	267	64145	647169	339099	262.5	74.0
重庆	3471	2121057	408803	173587	164.1	64.0
四川	7852	3971387	395410	176814	167.5	55.9
贵州	1970	666031	516715	192722	220.9	53.4
云南	3752	1520505	448782	162681	118.4	43.5
西藏	399	44171	557978	173712	88.6	39.9
陕西	3559	1192424	499687	176374	240.1	54.1
甘肃	2149	469763	431254	183203	251.4	49.2
青海	381	65206	495963	170533	121.3	42.3
宁夏	640	163417	361362	204999	116.2	49.3
新疆	1661	505214	482131	197654	191.7	53.0

3-23 各地区地方建筑业企业资产构成

单位：万元

地 区	资产总计	#流动资产合计	#存货
全国总计	**2261077637**	**1862030261**	**294731300**
北 京	96688139	78740339	7207364
天 津	33287971	29494476	3530079
河 北	60056998	50282258	10144373
山 西	58302528	42403416	6826350
内蒙古	23040249	17436381	2771066
辽 宁	49270890	40898536	6034557
吉 林	28343531	24415041	3175690
黑龙江	19311888	16290230	2264307
上 海	81441465	72003771	7535697
江 苏	237980356	204463104	45902874
浙 江	171196456	145779128	29435042
安 徽	75017941	59275850	7783722
福 建	84359562	67939944	12482002
江 西	62248772	51167602	10510717
山 东	159779319	134926081	26107127
河 南	95943986	76862791	14014769
湖 北	88131434	72315395	12678740
湖 南	57738166	44505963	6778691
广 东	183425954	159307289	19054238
广 西	43831512	37459750	6042045
海 南	5378895	4724226	366213
重 庆	63363708	51828187	10001471
四 川	157809084	122580853	14530083
贵 州	70982944	59662332	8353274
云 南	81923113	54792842	4633832
西 藏	6714719	5547864	479529
陕 西	76618259	66992287	6747783
甘 肃	40460733	30274258	4098308
青 海	4965839	4083525	605307
宁 夏	7568037	6642956	1173181
新 疆	35895191	28933585	3462869

3-24 各地区地方建筑业企业固定资产情况

单位：万元

地区	固定资产原价	累计折旧	#本年折旧	在建工程
全国总计	**166944182**	**75597210**	**10130132**	**33729885**
北京	4618242	2508546	272450	452573
天津	2426022	1306043	119679	169848
河北	4723032	2277994	232164	1045329
山西	3821144	1861426	275725	608861
内蒙古	2284855	1139805	144546	301602
辽宁	5214116	2733996	250317	655321
吉林	2256627	1145472	139219	423250
黑龙江	1788858	880558	93327	159553
上海	4981832	2753624	307768	438216
江苏	22229039	10289859	1507770	3108295
浙江	13924721	6741045	813592	1371561
安徽	5880946	2436559	363797	1047122
福建	7030208	3251123	458092	780716
江西	4500242	1856496	325006	1156688
山东	13644799	5927413	839963	1854073
河南	10387550	4096322	572503	1667351
湖北	7872268	3633336	495239	3976740
湖南	5918694	2449921	311888	1932798
广东	8632895	4132509	584111	1448259
广西	2025539	920301	144350	705763
海南	195806	99989	15661	43439
重庆	4071981	1582692	244148	1531227
四川	9274323	4015489	541529	3973597
贵州	1708066	628043	107083	1753248
云南	5001484	2124552	298875	820708
西藏	352153	113087	26809	102737
陕西	4057651	1784459	255479	957867
甘肃	3720766	1008091	158532	522706
青海	499245	250037	25877	44124
宁夏	717818	342814	51460	52528
新疆	3183258	1305611	153175	623785

3-25 各地区地方建筑业企业负债及所有者权益

单位：万元

地　区	负债合计	#流动负债	#应付账款	所有者权益	#实收资本
全国总计	**1573764610**	**1421637660**	**571815776**	**687313028**	**358084884**
北　京	75774404	66258208	27334488	20913736	11696356
天　津	25774584	23781693	10104366	7513387	4853179
河　北	43535213	40151460	17972517	16521784	9460886
山　西	40966236	35828748	15345796	17336292	9015342
内蒙古	15344196	14823464	5007881	7696053	4086926
辽　宁	34376124	30323324	9842023	14894766	8245201
吉　林	19291203	17831772	5803191	9052328	5587354
黑龙江	13292639	12389620	4393073	6019249	4449612
上　海	64219372	61755565	31275267	17222093	9014838
江　苏	139263879	130287170	50054277	98716477	38802750
浙　江	120272763	115365783	46305707	50923693	27208309
安　徽	52566004	44398025	15872269	22451937	10902199
福　建	50278542	41700417	11553623	34081020	17379465
江　西	40239479	34968671	12867219	22009293	12576441
山　东	120049182	112326363	45564052	39730137	21916665
河　南	60955094	54334593	17544863	34988892	20661165
湖　北	56221798	48356695	23739760	31909636	14187295
湖　南	35150979	29116545	10133029	22587187	11939290
广　东	136262617	124743794	43731445	47163337	23846255
广　西	33248672	30625482	13610158	10582840	6068884
海　南	3731521	3468168	1467948	1647373	903699
重　庆	43869595	38238589	15519064	19494113	9247856
四　川	113673155	98483490	43620307	44135928	24994000
贵　州	55147947	47494929	18488166	15834997	5598715
云　南	53272147	48139005	20384680	28650966	19790595
西　藏	4517211	3850896	1236793	2197509	905542
陕　西	58846778	55790546	30343882	17771481	11208142
甘　肃	28176126	24595998	9603557	12284607	5934824
青　海	3267126	3052812	1278310	1698713	1383488
宁　夏	5307963	5154075	2410346	2260074	1567356
新　疆	26872060	24001762	9407721	9023131	4652257

3-26 各地区地方建筑业企业收入情况

单位：万元

地区	主营业务收入	主营业务成本	主营业务税金及附加	其他业务收入	其他业务利润
全国总计	**1991961762**	**1825975508**	**14170914**	**49380208**	**1653731**
北京	60544096	55346501	175397	598218	113664
天津	19324501	17524904	64426	1085839	17854
河北	42338600	39287088	288754	1185456	30966
山西	39884951	36316122	153194	1074280	53925
内蒙古	11105455	10305603	63751	403928	33172
辽宁	26164655	23843331	199485	1897825	31715
吉林	18000095	16460215	108890	613182	13586
黑龙江	12500234	11379376	66759	351131	7037
上海	69089290	64051332	187643	1212278	93234
江苏	310654659	285862659	1949873	3466121	242397
浙江	190520118	178633351	785504	3368723	192522
安徽	65014342	59280626	410436	2048841	28978
福建	110292276	101196742	1152726	3632468	43672
江西	62446057	57072523	610415	2145379	50696
山东	121235197	110910364	698391	4020588	99887
河南	89797097	79577649	1239104	1032405	86127
湖北	88521627	80257130	882122	3962759	36094
湖南	81308390	73498667	1414050	2590713	20471
广东	153427805	140467362	680248	2640348	126151
广西	40843261	38029423	212386	900769	32207
海南	5072098	4593493	24148	84677	2554
重庆	66708606	60361617	737240	799000	62228
四川	126552681	115323440	897343	4205031	68970
贵州	24247027	22557345	139132	1280805	21727
云南	46009928	42054765	370426	1265273	69765
西藏	2832152	2540431	14129	182876	216
陕西	53549083	49147948	362518	1487702	27367
甘肃	20009845	18514494	139152	1105156	23428
青海	3250316	3036791	11706	292450	869
宁夏	6384552	5959873	31327	95739	7209
新疆	24332770	22584343	100240	350251	15044

3-27 各地区地方建筑业企业费用情况

单位：万元

地　区	管理费用	销售费用	研发费用	财务费用	#利息收入	#利息支出
全国总计	**66594597**	**6816609**	**14836883**	**13591850**	**2971285**	**10483649**
北　京	2608418	433299	1078442	327502	343030	613997
天　津	1084900	102410	170441	182290	42320	115535
河　北	1380207	66082	233776	353834	52641	199571
山　西	1545611	82789	807493	372590	150276	458392
内蒙古	559772	10809	29386	101434	6850	70167
辽　宁	1665601	97580	134202	297501	21421	126316
吉　林	715643	27775	57629	179597	5127	102969
黑龙江	538513	25268	95807	82432	11109	69755
上　海	2243187	235511	1241412	181587	83578	195571
江　苏	8708124	1004693	864237	1856093	303355	1162869
浙　江	5399790	445257	1459780	892182	199947	837116
安　徽	2310676	339403	520754	543318	109166	431469
福　建	3457729	316702	385741	405374	49905	270736
江　西	1908381	209901	345147	416324	27910	259289
山　东	4790072	256904	1123882	1004083	175671	700886
河　南	3245232	516618	520863	802308	33543	428575
湖　北	2752663	410785	565224	558207	87849	355425
湖　南	2873964	346546	982685	545444	109822	420925
广　东	5141094	468815	1784017	1117366	195824	851138
广　西	1261823	49045	319506	217156	35185	180334
海　南	123331	6715	11888	17208	-494	12094
重　庆	2217073	293990	186450	595834	36439	413591
四　川	3915217	630217	1033237	926193	292498	762144
贵　州	793015	33143	113733	435167	34475	160597
云　南	1575415	171609	134776	456407	193011	549690
西　藏	132921	7291	6947	24122	7903	12559
陕　西	1651110	135641	448826	222916	179119	262106
甘　肃	798124	47001	84176	224655	151609	268937
青　海	135042	2037	24519	11367	-559	12194
宁　夏	245065	8752	16096	20190	1123	15329
新　疆	816887	34022	55810	221170	31634	163376

3–28 各地区地方建筑业企业利润及税金情况

单位：万元

地　区	利润总额	所得税费用	税金总额	主营业务税金及附加	应交增值税
全国总计	**63100086**	**12769815**	**63002293**	**14170914**	**48831378**
北　京	885453	167334	1189284	175397	1013887
天　津	269384	81986	525186	64426	460760
河　北	704450	191656	1219265	288754	930511
山　西	1054311	136906	1156700	153194	1003506
内蒙古	153859	70098	403364	63751	339614
辽　宁	481076	141877	831134	199485	631649
吉　林	495265	139154	649309	108890	540419
黑龙江	230225	52530	444078	66759	377319
上　海	1074410	231491	1331225	187643	1143582
江　苏	13256089	2618037	10017728	1949873	8067855
浙　江	4385669	963753	5174763	785504	4389259
安　徽	1946104	333931	1940271	410436	1529835
福　建	4171698	958911	3853748	1152726	2701022
江　西	2436492	498561	2050213	610415	1439798
山　东	3635698	729762	3568436	698391	2870045
河　南	4737868	712028	3895843	1239104	2656740
湖　北	3649087	811439	3493342	882122	2611220
湖　南	2699832	512169	3532332	1414050	2118282
广　东	2943677	763278	4234127	680248	3553879
广　西	1000020	195271	1113709	212386	901323
海　南	188315	65117	193260	24148	169112
重　庆	2764204	482764	2695514	737240	1958274
四　川	4822375	867432	3643654	897343	2746311
贵　州	457573	156100	735118	139132	595987
云　南	1651145	312480	1558875	370426	1188449
西　藏	90124	12185	79350	14129	65220
陕　西	1730047	291224	1647668	362518	1285150
甘　肃	517750	109277	834979	139152	695827
青　海	85988	14755	118166	11706	106460
宁　夏	119985	32504	203129	31327	171802
新　疆	461912	115808	668523	100240	568283

3-29 各地区地方建筑业企业应收工程款及企业亏损情况

地　区	应收工程款（万元）	企业个数（个）	#亏损企业个数	亏损企业的比重（%）
全国总计	**477834702**	**127443**	**25744**	**20.2**
北　京	21472919	2362	645	27.3
天　津	7692369	2319	615	26.5
河　北	13136459	3090	635	20.6
山　西	14230511	3682	913	24.8
内蒙古	5486366	1021	285	27.9
辽　宁	9990840	5742	1774	30.9
吉　林	8293652	2770	628	22.7
黑龙江	4270032	2182	638	29.2
上　海	12291700	2310	509	22.0
江　苏	53649046	11352	1105	9.7
浙　江	35419241	8726	2384	27.3
安　徽	15096649	6802	1207	17.7
福　建	14495054	7726	1164	15.1
江　西	11006341	4640	530	11.4
山　东	39229924	9238	2226	24.1
河　南	19640789	8098	1177	14.5
湖　北	21224611	5008	676	13.5
湖　南	10725433	3555	445	12.5
广　东	33618218	8396	1795	21.4
广　西	8803346	2323	673	29.0
海　南	1076954	267	52	19.5
重　庆	13881365	3471	572	16.5
四　川	26731922	7852	946	12.0
贵　州	12440180	1970	638	32.4
云　南	19503179	3752	1137	30.3
西　藏	1050391	399	84	21.1
陕　西	23607634	3559	720	20.2
甘　肃	7613639	2149	650	30.2
青　海	865216	381	127	33.3
宁　夏	2418843	640	214	33.4
新　疆	8871883	1661	580	34.9

3–30 各地区地方建筑业企业主要经济效益指标

地　区	产值利润率 (%)	产值利税率 (%)	资本利润率 (%)	资本利税率 (%)	人均利润 (元/人)	人均利税 (元/人)	资产负债率 (%)
全国总计	**2.7**	**5.4**	**17.6**	**35.2**	**11629**	**23241**	**69.6**
北　京	1.7	3.9	7.6	17.7	9220	21603	78.4
天　津	1.6	4.7	5.6	16.4	4871	14368	77.4
河　北	1.5	4.0	7.4	20.3	8049	21981	72.5
山　西	2.6	5.4	11.7	24.5	12123	25423	70.3
内蒙古	1.6	5.8	3.8	13.6	7360	26655	66.6
辽　宁	1.8	4.9	5.8	15.9	8589	23428	69.8
吉　林	2.5	5.9	8.9	20.5	14325	33106	68.1
黑龙江	1.9	5.7	5.2	15.2	8232	24110	68.8
上　海	2.0	4.6	11.9	26.7	12615	28245	78.9
江　苏	3.7	6.4	34.2	60.0	13180	23141	58.5
浙　江	1.9	4.2	16.1	35.1	7546	16450	70.3
安　徽	2.3	4.6	17.9	35.6	10755	21477	70.1
福　建	2.9	5.7	24.0	46.2	9275	17844	59.6
江　西	2.7	5.0	19.4	35.7	13773	25362	64.6
山　东	2.8	5.5	16.6	32.9	13421	26595	75.1
河　南	4.3	7.9	22.9	41.8	17833	32497	63.5
湖　北	3.3	6.5	25.7	50.3	20211	39560	63.8
湖　南	2.6	6.1	22.6	52.2	10452	24128	60.9
广　东	1.9	4.7	12.3	30.1	9538	23258	74.3
广　西	1.6	3.5	16.5	34.8	8431	17821	75.9
海　南	4.5	9.2	20.8	42.2	29358	59486	69.4
重　庆	3.2	6.3	29.9	59.0	13032	25741	69.2
四　川	3.1	5.4	19.3	33.9	12143	21318	72.0
贵　州	1.3	3.5	8.2	21.3	6870	17907	77.7
云　南	2.4	4.7	8.3	16.2	10859	21112	65.0
西　藏	3.7	6.9	10.0	18.7	20403	38368	67.3
陕　西	2.9	5.7	15.4	30.1	14509	28326	76.8
甘　肃	2.6	6.7	8.7	22.8	11022	28796	69.6
青　海	2.7	6.3	6.2	14.8	13187	31309	65.8
宁　夏	2.0	5.5	7.7	20.6	7342	19772	70.1
新　疆	1.9	4.6	9.9	24.3	9143	22375	74.9

四、按资质等级分组的建筑业企业

4-1 各地区总承包建筑业企业签订合同情况

单位：万元

地区	签订合同额	上年结转合同额	本年新签合同额
全国总计	**6146309223**	**2977361201**	**3168948023**
北京	403719339	223929801	179789537
天津	127010733	61738297	65272436
河北	157311590	75930322	81381267
山西	127681693	54604808	73076886
内蒙古	41383615	23916625	17466991
辽宁	70936131	28784503	42151628
吉林	37397495	15787954	21609541
黑龙江	27788655	13340746	14447909
上海	309932835	171349912	138582923
江苏	562831930	250772443	312059487
浙江	429527603	224308313	205219290
安徽	211493749	89278969	122214780
福建	274022923	130473373	143549550
江西	143595066	54900221	88694845
山东	323703272	138705612	184997660
河南	275564969	121494686	154070283
湖北	469330164	225726854	243603310
湖南	283002624	145280323	137722301
广东	533496755	279930016	253566739
广西	132684870	69592953	63091916
海南	11121540	6630376	4491165
重庆	165024122	71187672	93836450
四川	414790784	214950868	199839916
贵州	118482263	66505378	51976885
云南	130277032	55529991	74747041
西藏	5450996	3062208	2388788
陕西	210119309	91442183	118677126
甘肃	50747540	23944051	26803489
青海	17429676	9445282	7984394
宁夏	11560745	3851243	7709502
新疆	68889209	30965220	37923989

4-2 各地区总承包建筑业企业承包工程完成情况

单位：万元

地　区	直接从建设单位承揽工程完成的产值	自行完成施工产值	分包出去工程的产值	从建设单位以外承揽工程完成的产值
全国总计	**2612898204**	**2497411681**	**115486523**	**155420192**
北　京	130118851	103853283	26265569	18477619
天　津	41758411	35180241	6578171	3111999
河　北	59245874	58347976	897897	2825637
山　西	52741706	50460554	2281153	2482593
内蒙古	12278891	12243097	35794	114155
辽　宁	32033735	30979731	1054004	2302501
吉　林	17936701	17787700	149001	1718266
黑龙江	12294664	12006735	287929	140052
上　海	89052074	69526556	19525518	11674299
江　苏	325892190	324229814	1662376	20136236
浙　江	202713612	197314768	5398844	7829210
安　徽	89843213	88635217	1207996	6166067
福　建	139117790	138822284	295506	5531847
江　西	88736899	87747999	988900	4095421
山　东	150249649	142277508	7972141	7450937
河　南	123094827	121931963	1162864	3338478
湖　北	174163185	172699912	1463273	5448200
湖　南	120050565	119102142	948423	4328584
广　东	180148715	161050262	19098453	14264113
广　西	62993695	61395873	1597822	3131270
海　南	3957104	3918697	38407	44471
重　庆	88186736	86209145	1977591	5247011
四　川	161607105	153511423	8095682	8403958
贵　州	44003047	43810070	192977	766308
云　南	64599257	64237662	361595	3445804
西　藏	2608194	2568828	39366	81909
陕　西	79016022	75328864	3687158	11309357
甘　肃	22914863	21373710	1541153	248876
青　海	5484821	5361446	123375	184605
宁　夏	6546998	6421570	125428	86807
新　疆	29508812	29076654	432158	1033605

4-3 各地区总承包企业建筑业总产值和竣工产值

单位：万元

地 区	建筑业总产值	#装饰装修产值	#在外省完成的产值	按构成分组			竣工产值
				建筑工程产值	安装工程产值	其他产值	
全国总计	**2652831874**	**57899939**	**928555314**	**2392902257**	**181168706**	**78760911**	**1227888884**
北 京	122330902	5867655	92949414	116265257	5251652	813993	52974316
天 津	38292240	116117	28630788	35204092	2436507	651641	12629547
河 北	61173613	1357719	22280812	49986431	7187708	3999474	26525054
山 西	52943146	1017821	18386563	46619469	4880891	1442787	17463556
内 蒙 古	12357252	214875	4053484	11302507	475004	579741	4267070
辽 宁	33282232	246095	12533405	28657988	3427788	1196456	12523601
吉 林	19505966	244566	3506592	17341376	1451307	713283	9682708
黑 龙 江	12146787	55557	2450244	10053081	1547467	546239	4141518
上 海	81200855	3923713	50432126	71011925	8387767	1801163	45180856
江 苏	344366050	6004982	155481319	325868258	16044394	2453398	244913396
浙 江	205143978	7231411	62738667	186197425	14504143	4442410	109587748
安 徽	94801284	1378688	24348772	83335151	5097753	6368380	35074818
福 建	144354131	2507427	69377281	135703248	6889942	1760941	60498833
江 西	91843420	1746101	28412157	80565447	5785358	5492615	39786844
山 东	149728445	4190397	34288786	126683797	18866478	4178170	63164698
河 南	125270441	1847433	30248349	111762487	9233220	4274734	54525019
湖 北	178148112	4278875	77064219	160463708	12952751	4731653	76728310
湖 南	123430725	2496785	41857248	107445151	8857444	7128130	63100338
广 东	175314375	3460012	39102961	162219873	9198076	3896426	58179938
广 西	64527143	1341082	11363999	56446716	4048064	4032363	31190196
海 南	3963168	52541	239297	3605563	170556	187050	2093750
重 庆	91456156	1945286	21142106	84819262	4481716	2155178	38421636
四 川	161915381	2876761	33706629	143694194	11210156	7011032	71887427
贵 州	44576377	633376	14065545	38511022	3758040	2307315	14208431
云 南	67683466	727804	4966433	62555917	3325872	1801678	23870171
西 藏	2650737	21963	126342	2565072	41443	44222	866862
陕 西	86638221	1590806	33245595	77076312	6534563	3027346	28671998
甘 肃	21622585	242450	3538816	18801386	2094036	727164	8395844
青 海	5546051	40813	2522515	5006280	418304	121468	1657884
宁 夏	6508377	30051	910536	5559078	786312	162988	3593448
新 疆	30110259	210777	4584317	27574789	1823997	711474	12083072

4-4 各地区总承包建筑业企业房屋建筑面积

地　区	房屋施工面积（万平方米）	#本年新开工	房屋竣工面积（万平方米）	房屋竣工率（%）
全国总计	**1542830**	**477699**	**393161**	**25.5**
北　京	90759	20277	13127	14.5
天　津	16963	4174	1915	11.3
河　北	35201	10251	8055	22.9
山　西	23006	7688	4835	21.0
内蒙古	7496	2296	1320	17.6
辽　宁	17783	5272	3283	18.5
吉　林	7831	3669	2639	33.7
黑龙江	3599	1720	750	20.8
上　海	54455	13516	9141	16.8
江　苏	270848	82441	74229	27.4
浙　江	176785	49485	41145	23.3
安　徽	52370	16815	13172	25.2
福　建	84941	25356	18221	21.5
江　西	34740	15330	13951	40.2
山　东	91035	30858	21857	24.0
河　南	65970	21746	18301	27.7
湖　北	91696	33006	32341	35.3
湖　南	75541	25719	23521	31.1
广　东	102544	29322	23460	22.9
广　西	29295	7405	8515	29.1
海　南	1693	332	471	27.8
重　庆	36378	12328	12729	35.0
四　川	70957	24269	22475	31.7
贵　州	17737	5253	3937	22.2
云　南	18180	6895	6075	33.4
西　藏	418	132	187	44.8
陕　西	36091	10614	7004	19.4
甘　肃	12400	3741	2331	18.8
青　海	889	274	276	31.0
宁　夏	1958	1103	815	41.6
新　疆	13269	6411	3082	23.2

4-5 各地区按主要用途分的总承包建筑业企业房屋竣工面积

单位：万平方米

地区	总计	住宅房屋	商业及服务用房屋	办公用房屋	科研、教育和医疗用房屋
全国总计	**393161**	**262829**	**24133**	**16151**	**20336**
北京	13127	9270	1059	733	720
天津	1915	1163	100	18	158
河北	8055	5722	323	309	527
山西	4835	3284	271	161	372
内蒙古	1320	1073	36	24	74
辽宁	3283	2538	120	79	84
吉林	2639	1943	86	72	109
黑龙江	750	518	19	12	62
上海	9141	4966	914	595	719
江苏	74229	54177	2264	2355	2668
浙江	41145	22814	3052	1878	1711
安徽	13172	8253	751	478	637
福建	18221	13140	1232	599	641
江西	13951	8563	945	893	667
山东	21857	14280	1254	1517	1516
河南	18301	13508	1235	769	1052
湖北	32341	20064	2869	1193	1614
湖南	23521	15837	1855	1093	1576
广东	23460	15529	952	672	1350
广西	8515	5038	603	425	962
海南	471	357	22	21	53
重庆	12729	9236	831	431	304
四川	22475	16063	1690	698	1114
贵州	3937	2627	293	179	319
云南	6075	4004	444	324	427
西藏	187	115	30	18	8
陕西	7004	4704	491	309	460
甘肃	2331	1636	101	127	139
青海	276	199	14	17	17
宁夏	815	423	55	13	49
新疆	3082	1785	223	137	225

4-5 续表 单位：万平方米

地　区	文化、体育和娱乐用房屋	厂房及建筑物	仓　库	其他未列明的房屋建筑物
全国总计	**3916**	**52201**	**2664**	**10932**
北　京	224	628	82	411
天　津	23	340	35	78
河　北	67	886	44	177
山　西	28	496	38	185
内 蒙 古	35	51	5	22
辽　宁	7	399	6	50
吉　林	44	275	58	52
黑 龙 江	11	80	6	42
上　海	322	1181	262	182
江　苏	699	10653	448	967
浙　江	345	9836	515	994
安　徽	95	2442	60	455
福　建	59	2251	72	227
江　西	145	2209	100	429
山　东	151	2595	103	440
河　南	182	1027	107	421
湖　北	300	5175	104	1021
湖　南	236	2190	120	614
广　东	175	3514	129	1139
广　西	148	858	82	399
海　南	5	7	0	6
重　庆	45	1295	48	539
四　川	225	1818	111	757
贵　州	24	266	28	202
云　南	56	460	18	342
西　藏	1	4	6	6
陕　西	116	634	22	268
甘　肃	80	113	8	127
青　海	4	3	1	20
宁　夏	16	174	4	79
新　疆	48	341	43	281

4-6 各地区按主要用途分的总承包建筑业企业房屋竣工价值

单位：万元

地区	总计	住宅房屋	商业及服务用房屋	办公用房屋	科研、教育和医疗用房屋
全国总计	**779166479**	**498595296**	**53597416**	**37622297**	**53907768**
北京	36516145	21327133	3370097	3289673	2761340
天津	4389105	2358938	234395	59624	636009
河北	16932264	12255731	742330	477312	1235888
山西	9922957	5928384	620553	427269	1147376
内蒙古	2333106	1753533	70683	47139	184539
辽宁	5734168	4336475	213959	150616	157630
吉林	4811746	3384542	169261	176038	299002
黑龙江	1264757	745322	27029	31501	186291
上海	27412081	12680098	2927945	2033532	2909825
江苏	165378207	119048403	5775767	6052555	7615046
浙江	81900098	46729989	6838247	3988763	4603286
安徽	20723519	12668494	1232280	751766	1233573
福建	38223747	27699696	2921688	1136426	1785304
江西	23844058	14055434	1458944	2245997	1259478
山东	43757970	26881430	2688434	3539054	3847459
河南	29439757	20468212	2698517	1344751	1942617
湖北	50816169	27816384	5777100	2722275	3852494
湖南	42057455	26590416	3334135	2022591	3881974
广东	41140470	26340503	2295176	1495070	3315064
广西	17191394	9594121	1128569	933307	2300053
海南	1407263	1109731	54390	69281	141564
重庆	22194906	15649244	1807841	655875	723816
四川	42345893	29179967	3335952	1439336	3073401
贵州	8493054	5314413	623696	459178	828626
云南	12290145	8013453	885968	674656	1056820
西藏	408413	260568	46657	33999	20851
陕西	15407833	8462495	1483308	713094	1813508
甘肃	5084893	3830522	177317	241015	345907
青海	622765	409765	45312	48055	44727
宁夏	1854719	930871	109331	42208	150247
新疆	5267420	2771029	502534	320344	554054

4-6 续表

单位：万元

地　区	文化、体育和娱乐用房屋	厂房及建筑物	仓　库	其他未列明的房屋建筑物
全国总计	**13436827**	**90850132**	**5455834**	**25700908**
北　京	1648737	2018956	181706	1918502
天　津	84643	742174	54526	218796
河　北	224103	1520272	88560	388067
山　西	116940	1297369	71991	313076
内蒙古	126729	102940	9128	38415
辽　宁	10335	723464	30833	110857
吉　林	119833	484416	90008	88648
黑龙江	34926	152330	10202	77158
上　海	1893690	3600550	641052	725390
江　苏	2082097	21381974	858811	2563556
浙　江	1294574	15054251	1011501	2379488
安　徽	196823	3515180	84072	1041331
福　建	200737	3922762	142288	414846
江　西	331194	3630811	178338	683863
山　东	498116	5238902	187919	876655
河　南	292051	1603888	180488	909233
湖　北	858693	5479334	199583	4110306
湖　南	641686	3882869	351397	1352388
广　东	435848	5768728	355157	1134926
广　西	328030	1410463	142893	1353959
海　南	7927	13067	48	11255
重　庆	110539	2264213	130091	853287
四　川	733372	3030483	173138	1380244
贵　州	65710	681657	87599	432176
云　南	177644	791694	43616	646294
西　藏	927	11730	15049	18631
陕　西	606360	1342250	62664	924155
甘　肃	78111	219480	15904	176639
青　海	8470	9928	3040	53468
宁　夏	31857	458463	4390	127351
新　疆	196128	495539	49843	377949

4-7 各地区总承包建筑业企业主要生产效益指标

地　　区	建筑业企业个数（个）	从事建筑业活动的平均人数（人）	按总产值计算的劳动生产率（元/人）	人均竣工产值（元/人）	人均施工面积（平方米/人）	人均竣工面积（平方米/人）
全国总计	**91871**	**55069660**	**481723**	**222970**	**280.2**	**71.4**
北　京	932	1834170	666955	288819	494.8	71.6
天　津	874	512234	747554	246558	331.2	37.4
河　北	2458	945440	647039	280558	372.3	85.2
山　西	2404	1119803	472790	155952	205.5	43.2
内蒙古	904	233199	529902	182980	321.5	56.6
辽　宁	3243	548733	606529	228228	324.1	59.8
吉　林	1906	312348	624495	309997	250.7	84.5
黑龙江	1645	281659	431259	147040	127.8	26.6
上　海	1295	1033191	785923	437294	527.1	88.5
江　苏	7549	9134003	377015	268134	296.5	81.3
浙　江	6469	5252115	390593	208655	336.6	78.3
安　徽	5389	1729681	548085	202782	302.8	76.2
福　建	5775	4501145	320705	134408	188.7	40.5
江　西	4101	1713874	535882	232146	202.7	81.4
山　东	6454	2797651	535193	225778	325.4	78.1
河　南	5401	2713930	461583	200908	243.1	67.4
湖　北	3858	2304251	773128	332986	397.9	140.4
湖　南	2833	2754653	448081	229068	274.2	85.4
广　东	4944	3099716	565582	187694	330.8	75.7
广　西	2031	1206650	534763	258486	242.8	70.6
海　南	205	59926	661344	349389	282.6	78.6
重　庆	2453	1977273	462537	194316	184.0	64.4
四　川	6537	3815402	424373	188414	186.0	58.9
贵　州	1700	816765	545767	173960	217.2	48.2
云　南	2975	1477601	458063	161547	123.0	41.1
西　藏	388	44789	591828	193544	93.3	41.8
陕　西	2972	1528222	566922	187617	236.2	45.8
甘　肃	1875	471930	458174	177904	262.7	49.4
青　海	309	74554	743897	222374	119.2	37.0
宁　夏	535	167981	387447	213920	116.5	48.5
新　疆	1457	606771	496238	199137	218.7	50.8

4-8 各地区总承包建筑业企业资产构成

单位：万元

地区	资产总计	#流动资产合计	#存货
全国总计	**2802666097**	**2180966336**	**293514513**
北京	312375933	178137453	7872259
天津	68474713	52987556	3896376
河北	73048198	61198002	10197760
山西	81793864	60983412	7200979
内蒙古	24187965	18617880	3173133
辽宁	54106951	45409003	5731067
吉林	27436227	23374272	3022324
黑龙江	20779961	17808797	2467950
上海	116286500	95364463	7220974
江苏	219680252	188915742	42195337
浙江	152164544	129260999	26090250
安徽	87683496	69131187	7406103
福建	84316388	67413513	11788549
江西	63825788	53407872	10250165
山东	175660783	146975825	24905007
河南	108462436	87326054	13845436
湖北	170950980	128023180	23017379
湖南	81064304	60148169	6903254
广东	210017722	169330820	16663652
广西	49092637	40259573	5969613
海南	5433984	4730464	352702
重庆	67038983	53735396	9046926
四川	166120709	128429326	14227425
贵州	82936583	70041017	8224286
云南	82848250	54798038	4344395
西藏	7879325	6403445	486790
陕西	106142747	88571450	7375495
甘肃	43738204	32762819	4032812
青海	8247383	6035833	763652
宁夏	7691428	6898750	1174499
新疆	43178862	34486029	3667967

4-9 各地区总承包建筑业企业固定资产情况

单位：万元

地区	固定资产原价	累计折旧	#本年折旧	在建工程
全国总计	**189086119**	**91094845**	**11510912**	**32052861**
北京	8601246	4648335	584565	509480
天津	5411907	2978468	310166	200152
河北	6817473	3731511	308305	995890
山西	5418158	2995589	511414	582139
内蒙古	2141516	1094618	135260	298127
辽宁	5475564	3014098	277278	232059
吉林	2219178	1136805	127520	353277
黑龙江	2130751	1159671	98655	142139
上海	6543964	3657730	380066	397513
江苏	19923460	9318689	1347289	2710633
浙江	11659863	5743246	660792	1166192
安徽	6020976	2644026	361690	948291
福建	6659514	3171529	420936	696823
江西	4532591	2010545	308163	1107661
山东	13996945	6555551	889628	1674553
河南	11073901	4762699	629703	1471723
湖北	14781178	7237738	918227	4410170
湖南	6834748	2926089	417583	1991841
广东	9345627	4696630	589287	1570233
广西	2443839	1235608	150500	702319
海南	139051	74057	11031	39389
重庆	4564206	2047622	311621	1455910
四川	9522275	4316217	537345	3553235
贵州	1993198	853859	115837	1684249
云南	4802512	2025479	289777	762811
西藏	387315	134756	27478	90065
陕西	6793647	3559791	399662	980140
甘肃	3795459	1094532	164505	516859
青海	866961	428139	28227	54371
宁夏	696018	347051	44737	50212
新疆	3493081	1494167	153667	704406

4-10 各地区总承包建筑业企业负债及所有者权益

单位：万元

地　区	负债合计	#流动负债	#应付账款	所有者权益	#实收资本
全国总计	**2000424366**	**1808328155**	**730958749**	**802241732**	**390609411**
北　京	204893150	179070266	64760672	107482784	33495113
天　津	55314214	51629173	20225713	13160499	8120995
河　北	55231155	51304868	22501497	17817043	10564062
山　西	62202262	56187934	22365366	19591602	10010027
内蒙古	16718173	16099347	5591625	7469792	4091453
辽　宁	40920805	37581297	12437702	13186146	8063138
吉　林	19360797	17716416	6025195	8075431	5089067
黑龙江	15692129	14765459	5466652	5087832	4330761
上　海	91747441	88460777	43651555	24539059	12525860
江　苏	132230993	123439825	45887528	87449259	33800848
浙　江	107558681	102950402	41344520	44605864	23829889
安　徽	64709543	56802955	20366804	22973953	11409202
福　建	52759875	44222469	13695437	31556513	15439525
江　西	42987648	38062417	14159253	20838140	12103019
山　东	135681807	127641141	52776508	39978975	21707049
河　南	75054937	68279129	22736379	33407498	19078263
湖　北	118483623	99157650	48667013	52467358	19391660
湖　南	54549742	46103641	18778243	26514562	13749127
广　东	159604140	145399448	55451892	50413582	25355652
广　西	37338205	34162691	14660648	11754432	6927460
海　南	3667185	3425698	1475866	1766799	1137034
重　庆	48036579	42634207	17314417	19002404	9387387
四　川	121429721	105649912	48018613	44690988	25749799
贵　州	65596237	57778329	22321298	17340346	6843341
云　南	54397778	49040302	20484357	28450472	19183453
西　藏	5429535	4278012	1419006	2449791	1104432
陕　西	83079473	78790236	40985220	23063274	13773479
甘　肃	31255636	27427943	10882671	12482567	6073068
青　海	5744372	5021562	2121270	2503011	1563867
宁　夏	5664513	5507327	2643333	2026915	1507389
新　疆	33084020	29737323	11742498	10094842	5203992

4-11 各地区总承包建筑业企业收入情况

单位：万元

地区	主营业务收入	主营业务成本	主营业务税金及附加	其他业务收入	其他业务利润
全国总计	**2345887870**	**2165912225**	**13839510**	**45794463**	**2114138**
北京	152928983	141876989	315421	941504	294476
天津	40271541	37226677	79227	719680	23251
河北	54349979	50438152	321389	1211779	43179
山西	52507884	48272782	170514	1146340	95490
内蒙古	13389925	12548260	65454	393298	32697
辽宁	30421098	28236446	132048	1572542	34136
吉林	17798435	16432511	98678	523694	14487
黑龙江	12920277	12026847	62427	323384	10663
上海	104574080	98451600	229671	1032940	114999
江苏	292062363	270145732	1785541	3146052	219486
浙江	170550693	160624877	711842	3116314	161303
安徽	75240138	69401971	375791	1924484	79847
福建	110186605	101567009	1069676	3388107	57869
江西	63484172	58228558	576096	2039446	52534
山东	140542748	130056678	674788	3472676	108881
河南	101143986	90776784	1124722	868216	106283
湖北	159052064	144497480	1052362	3667780	95818
湖南	101124518	91871039	1372311	2107780	20713
广东	173882151	161505699	656241	2258940	138539
广西	43188562	40268562	211620	1309980	36544
海南	4931451	4492272	22443	66521	2433
重庆	69055609	62775363	703343	711634	58609
四川	134464293	122943487	851803	3941028	75851
贵州	33417669	31396334	129915	1321214	48159
云南	45597203	41676144	344357	900978	71583
西藏	3056576	2762819	14733	184894	647
陕西	80462152	74646878	390826	1643198	55928
甘肃	22418688	20926234	138386	1051707	16790
青海	6165033	5667666	12738	344726	10386
宁夏	7007964	6546625	31879	97775	7276
新疆	29691035	27623751	113272	365855	25283

4-12 各地区总承包建筑业企业费用情况

单位：万元

地区	管理费用	销售费用	研发费用	财务费用	#利息收入	#利息支出
全国总计	**63253632**	**5139062**	**27023401**	**14811143**	**5952537**	**14274778**
北京	3514724	180746	3705419	651563	1597459	2061550
天津	1084943	60637	1044961	241868	283489	424848
河北	1596156	90529	572327	448031	74588	299002
山西	1506879	62582	1204707	433567	224173	561348
内蒙古	515520	14296	34819	110916	9008	79391
辽宁	1386476	38498	301951	342115	34195	228375
吉林	585665	19160	102657	171060	32999	159232
黑龙江	475958	25799	110538	86637	14579	75921
上海	2188124	145868	2014737	320375	340029	393526
江苏	7271952	746120	976951	1731244	327190	1123937
浙江	4245991	220526	1276543	759421	210208	739891
安徽	2050301	185079	936997	547384	155086	439906
福建	3016173	241122	566560	415812	68017	270138
江西	1831656	187305	464152	411613	44199	276565
山东	4207206	180702	1718719	1021236	284958	827043
河南	2920913	389381	1083049	846447	78969	520062
湖北	4178857	488950	2674048	864260	277950	811790
湖南	2991160	308635	1570902	652691	211697	592600
广东	3913081	233261	2471600	1063634	400288	996884
广西	1236675	45878	365389	274646	39579	240052
海南	93209	4484	12160	13258	1168	11068
重庆	2026150	264511	395128	648861	63682	470328
四川	3964223	586270	1409192	881015	403232	845486
贵州	907937	28169	264815	526982	54977	252427
云南	1387594	137277	239902	497802	202202	604199
西藏	137510	5919	6947	24712	25408	30764
陕西	1907826	155253	1047741	284440	257272	397762
甘肃	787262	50981	96596	200023	184447	286012
青海	203476	1304	146780	38404	7931	13535
宁夏	235419	8259	38317	24226	-455	18018
新疆	884617	31562	168801	276901	44015	223121

4-13 各地区总承包建筑业企业利润及税金情况

单位：万元

地区	利润总额	#所得税费用	税金总额	主营业务税金及附加	应交增值税
全国总计	**77638626**	**13922558**	**62329160**	**13839510**	**48489649**
北京	9332680	689253	1972881	315421	1657461
天津	604083	89046	555619	79227	476391
河北	884645	255426	1399374	321389	1077984
山西	1355178	138618	1214621	170514	1044107
内蒙古	193978	70093	403741	65454	338287
辽宁	217772	146410	762023	132048	629974
吉林	481135	126919	618724	98678	520046
黑龙江	88532	49480	436620	62427	374193
上海	1912468	336215	1186202	229671	956531
江苏	12746786	2497766	9117620	1785541	7332079
浙江	3940816	875815	4617135	711842	3905294
安徽	2274822	386282	1905657	375791	1529866
福建	3988189	934099	3622626	1069676	2552951
江西	2317633	478442	1956638	576096	1380542
山东	4126143	727793	3511229	674788	2836441
河南	4569656	686189	3539347	1124722	2414625
湖北	5825584	1216157	4646824	1052362	3594462
湖南	3288446	581211	3607949	1372311	2235638
广东	4227887	890070	3828324	656241	3172084
广西	1164353	214781	1114086	211620	902466
海南	175474	62246	180430	22443	157988
重庆	2773064	468982	2557578	703343	1854235
四川	4995290	907578	3575626	851803	2723823
贵州	580526	156669	730509	129915	600594
云南	1689204	311340	1423560	344357	1079203
西藏	89095	12252	79040	14733	64308
陕西	2431842	328865	1893936	390826	1503111
甘肃	538355	103435	832022	138386	693636
青海	145720	19065	122039	12738	109301
宁夏	103709	32333	199995	31879	168116
新疆	575563	129732	717186	113272	603913

4-14 各地区总承包建筑业企业应收工程款及企业亏损情况

地区	应收工程款(万元)	企业个数(个)	#亏损企业个数	亏损企业的比重(%)
全国总计	**521762727**	**91871**	**18035**	**19.6**
北京	35959025	932	233	25.0
天津	11119160	874	249	28.5
河北	14296981	2458	498	20.3
山西	18292737	2404	582	24.2
内蒙古	5746683	904	249	27.5
辽宁	10188855	3243	992	30.6
吉林	7682033	1906	419	22.0
黑龙江	4370390	1645	452	27.5
上海	16356788	1295	257	19.8
江苏	47036301	7549	676	9.0
浙江	29932658	6469	1824	28.2
安徽	17489502	5389	957	17.8
福建	13245075	5775	843	14.6
江西	11642127	4101	457	11.1
山东	38783086	6454	1607	24.9
河南	21473185	5401	708	13.1
湖北	31223173	3858	484	12.5
湖南	14028107	2833	326	11.5
广东	35249910	4944	1053	21.3
广西	9221685	2031	567	27.9
海南	976447	205	34	16.6
重庆	14293274	2453	384	15.7
四川	26457383	6537	774	11.8
贵州	14855110	1700	558	32.8
云南	19377593	2975	876	29.4
西藏	1134374	388	77	19.8
陕西	29503146	2972	573	19.3
甘肃	7934407	1875	559	29.8
青海	1289395	309	96	31.1
宁夏	2502881	535	175	32.7
新疆	10101257	1457	496	34.0

4–15 各地区总承包建筑业企业主要经济效益指标

地 区	产值利润率 (%)	产值利税率 (%)	资本利润率 (%)	资本利税率 (%)	人均利润 (元/人)	人均利税 (元/人)	资产负债率 (%)
全国总计	**2.9**	**5.3**	**19.9**	**35.8**	**14098**	**25416**	**71.4**
北 京	7.6	9.2	27.9	33.8	50882	61639	65.6
天 津	1.6	3.0	7.4	14.3	11793	22640	80.8
河 北	1.4	3.7	8.4	21.6	9357	24158	75.6
山 西	2.6	4.9	13.5	25.7	12102	22949	76.0
内蒙古	1.6	4.8	4.7	14.6	8318	25631	69.1
辽 宁	0.7	2.9	2.7	12.2	3969	17856	75.6
吉 林	2.5	5.6	9.5	21.6	15404	35213	70.6
黑龙江	0.7	4.3	2.0	12.1	3143	18645	75.5
上 海	2.4	3.8	15.3	24.7	18510	29991	78.9
江 苏	3.7	6.3	37.7	64.7	13955	23937	60.2
浙 江	1.9	4.2	16.5	35.9	7503	16294	70.7
安 徽	2.4	4.4	19.9	36.6	13152	24169	73.8
福 建	2.8	5.3	25.8	49.3	8860	16909	62.6
江 西	2.5	4.7	19.1	35.3	13523	24939	67.4
山 东	2.8	5.1	19.0	35.2	14749	27299	77.2
河 南	3.6	6.5	24.0	42.5	16838	29879	69.2
湖 北	3.3	5.9	30.0	54.0	25282	45448	69.3
湖 南	2.7	5.6	23.9	50.2	11938	25035	67.3
广 东	2.4	4.6	16.7	31.8	13640	25990	76.0
广 西	1.8	3.5	16.8	32.9	9649	18882	76.1
海 南	4.4	9.0	15.4	31.3	29282	59391	67.5
重 庆	3.0	5.8	29.5	56.8	14025	26960	71.7
四 川	3.1	5.3	19.4	33.3	13092	22464	73.1
贵 州	1.3	2.9	8.5	19.2	7108	16052	79.1
云 南	2.5	4.6	8.8	16.2	11432	21066	65.7
西 藏	3.4	6.3	8.1	15.2	19892	37539	68.9
陕 西	2.8	5.0	17.7	31.4	15913	28306	78.3
甘 肃	2.5	6.3	8.9	22.6	11408	29038	71.5
青 海	2.6	4.8	9.3	17.1	19546	35915	69.7
宁 夏	1.6	4.7	6.9	20.1	6174	18080	73.6
新 疆	1.9	4.3	11.1	24.8	9486	21305	76.6

4-16 各地区按资质等级划分的总承包建筑业企业单位数

单位：个

地区	合计	特级	一级	二级	三级及以下
全国总计	**91871**	**692**	**8200**	**24755**	**58224**
北京	932	57	250	227	398
天津	874	16	128	182	548
河北	2458	12	221	880	1345
山西	2404	20	134	455	1795
内蒙古	904	4	93	317	490
辽宁	3243	15	208	695	2325
吉林	1906	5	79	320	1502
黑龙江	1645	4	101	536	1004
上海	1295	22	196	452	625
江苏	7549	82	736	2116	4615
浙江	6469	80	806	1526	4057
安徽	5389	32	384	961	4012
福建	5775	23	500	816	4436
江西	4101	26	346	860	2869
山东	6454	54	540	2131	3729
河南	5401	32	439	1467	3463
湖北	3858	35	495	1193	2135
湖南	2833	19	313	761	1740
广东	4944	31	524	1076	3313
广西	2031	15	139	498	1379
海南	205	1	24	46	134
重庆	2453	6	254	577	1616
四川	6537	29	583	2184	3741
贵州	1700	11	80	737	872
云南	2975	10	116	690	2159
西藏	388	1	4	132	251
陕西	2972	34	290	1501	1147
甘肃	1875	7	72	524	1272
青海	309	1	24	119	165
宁夏	535	1	23	239	272
新疆	1457	7	98	537	815

4-17 各地区按资质等级划分的总承包建筑业企业从业人员

单位：人

地区	合计	特级	一级	二级	三级及以下
全国总计	**47295774**	**11147329**	**17467991**	**10343873**	**8336581**
北京	409473	172805	184459	23041	29168
天津	295082	126292	111586	21534	35670
河北	736048	84440	266065	282581	102962
山西	807552	235548	283868	146542	141594
内蒙古	146342	16421	54562	44269	31090
辽宁	427247	30120	124597	128697	143833
吉林	275154	14484	83244	62505	114921
黑龙江	168004	21057	50773	53436	42738
上海	630816	275586	203858	89878	61494
江苏	8029309	2887215	2486813	1566272	1089009
浙江	4866090	1467077	2160591	708033	530389
安徽	1709501	328306	556008	333283	491904
福建	4403648	737837	2297067	734576	634168
江西	1556733	220752	596937	371583	367461
山东	2432347	699373	882940	538380	311654
河南	2548515	571745	695444	676273	605053
湖北	2154785	745561	732102	393611	283511
湖南	2547908	567060	891600	585026	504222
广东	2832017	519219	1341104	471062	500632
广西	1141847	395249	348284	241325	156989
海南	57301	4403	23523	13065	16310
重庆	1774549	50728	647965	528523	547333
四川	3371666	236022	1213809	1179278	742557
贵州	690143	194807	232681	163037	99618
云南	1094688	141195	273795	289516	390182
西藏	36904	46	378	25510	10970
陕西	1210262	305673	415565	377119	111905
甘肃	441231	55399	148911	131770	105151
青海	55503	10304	13257	18912	13030
宁夏	104296	4130	29630	45376	25160
新疆	340813	28475	116575	99860	95903

4-18 各地区按资质等级划分的总承包企业建筑业总产值

单位：万元

地　区	合计	特级	一级	二级	三级及以下
全国总计	**2652831874**	**876874813**	**992554753**	**436095029**	**347307279**
北　京	122330902	81132071	35801101	2398225	2999506
天　津	38292240	21064391	12763159	1815146	2649544
河　北	61173613	12719795	30207077	13243319	5003422
山　西	52943146	19844630	18404557	7732003	6961956
内蒙古	12357252	4133561	3558866	2587145	2077680
辽　宁	33282232	5506948	12068042	6275913	9431330
吉　林	19505966	1435107	5689759	5112839	7268262
黑龙江	12146787	2341117	5137684	2608221	2059766
上　海	81200855	43747516	26508102	7066851	3878386
江　苏	344366050	149950072	102392079	56593023	35430877
浙　江	205143978	73506319	85326703	26439466	19871489
安　徽	94801284	31532344	28809543	14773194	19686202
福　建	144354131	25056230	74765793	24118388	20413721
江　西	91843420	16797327	44479748	14415474	16150870
山　东	149728445	58755326	54322201	23215293	13435625
河　南	125270441	33788276	40893942	26349449	24238775
湖　北	178148112	89240640	56005328	19939945	12962198
湖　南	123430725	35218080	48333381	22312329	17566935
广　东	175314375	38519430	94588696	22025662	20180586
广　西	64527143	23316545	20873407	12442490	7894702
海　南	3963168	139859	1961063	798917	1063330
重　庆	91456156	5746447	40892336	20907926	23909447
四　川	161915381	30059910	59991671	43054079	28809721
贵　州	44576377	14145764	14532532	9829627	6068455
云　南	67683466	17700291	16998561	13291333	19693282
西　藏	2650737	2080	107997	2026385	514274
陕　西	86638221	31019088	31689074	19181038	4749022
甘　肃	21622585	3485410	9103183	4810224	4223769
青　海	5546051	2219102	1443805	1137642	745502
宁　夏	6508377	425171	2157852	2530400	1394954
新　疆	30110259	4325971	12747513	7063083	5973692

4-19 各地区按资质等级划分的总承包建筑业企业签订合同额

单位：万元

地区	合计	特级	一级	二级	三级及以下
全国总计	**6146309223**	**2642208454**	**2237263431**	**740446237**	**526391101**
北京	403719339	292767464	100556979	4756083	5638813
天津	127010733	76984772	41572775	3704766	4748420
河北	157311590	35875398	87452697	24097420	9886075
山西	127681693	65231506	37800718	12883338	11766131
内蒙古	41383615	22450685	9258388	5778876	3895666
辽宁	70936131	17239127	28739640	9970570	14986794
吉林	37397495	3003855	13247823	10168013	10977805
黑龙江	27788655	7056528	12332459	5266161	3133506
上海	309932835	234971395	55709636	12788236	6463568
江苏	562831930	257361891	177476337	84153352	43840349
浙江	429527603	170915117	171195299	53271347	34145840
安徽	211493749	103995189	51790814	25116911	30590836
福建	274022923	74538721	129994557	38105514	31384132
江西	143595066	23842118	77227338	21562874	20962737
山东	323703272	151577553	108025933	41631408	22468378
河南	275564969	116675346	87751930	39444920	31692772
湖北	469330164	308613734	109291775	33056981	18367674
湖南	283002624	134710570	93313594	32150158	22828303
广东	533496755	138352233	307882450	51088863	36173210
广西	132684870	48472412	47593477	23733779	12885202
海南	11121540	473452	5813449	2182577	2652063
重庆	165024122	18272299	86531118	27631997	32588709
四川	414790784	112718636	175258972	77653721	49159456
贵州	118482263	39120043	46833504	20973881	11554835
云南	130277032	49560163	35079298	18999475	26638097
西藏	5450996	2080	502260	4244183	702474
陕西	210119309	101480235	75173717	27912713	5552644
甘肃	50747540	10053514	23867659	9376092	7450275
青海	17429676	7860630	5793688	2478264	1297095
宁夏	11560745	973328	4226192	4098774	2262451
新疆	68889209	17058463	29968956	12164995	9696794

4-20 各地区按资质等级划分的总承包建筑业企业竣工产值

单位：万元

地　区	合计	特级	一级	二级	三级及以下
全国总计	**1227888884**	**408372508**	**429350657**	**218999388**	**171166330**
北　京	52974316	34063826	16063610	1418855	1428025
天　津	12629547	6556970	4644894	670378	757306
河　北	26525054	4406104	10324304	9030631	2764015
山　西	17463556	5707813	5873663	3061237	2820842
内蒙古	4267070	933812	1391119	1117315	824824
辽　宁	12523601	681898	5273362	2486325	4082017
吉　林	9682708	635670	2741395	2562335	3743307
黑龙江	4141518	850162	1341664	998466	951227
上　海	45180856	25308692	13444504	3888771	2538890
江　苏	244913396	108870058	69984546	41379508	24679284
浙　江	109587748	46178717	39553072	13802942	10053018
安　徽	35074818	7933476	12423998	6182127	8535218
福　建	60498833	10824487	32678561	9230817	7764968
江　西	39786844	6450343	16679503	7373162	9283835
山　东	63164698	23989016	22371258	11335190	5469234
河　南	54525019	13675717	14233230	13780290	12835782
湖　北	76728310	35295207	24188329	10072752	7172022
湖　南	63100338	18761798	20553574	13095397	10689568
广　东	58179938	9670158	32061825	8526459	7921496
广　西	31190196	13313707	9393963	5202584	3279942
海　南	2093750	167387	1091448	512785	322131
重　庆	38421636	1591092	15420092	9193880	12216571
四　川	71887427	10985953	27295642	20903008	12702824
贵　州	14208431	3347468	6021607	3039037	1800320
云　南	23870171	3317826	5392828	6233816	8925702
西　藏	866862	1600		570071	295191
陕　西	28671998	11366397	9878844	5944969	1481788
甘　肃	8395844	1592165	2630674	2209495	1963511
青　海	1657884	607675	329261	432431	288518
宁　夏	3593448	226516	1264013	1602888	500031
新　疆	12083072	1060801	4805876	3141469	3074926

4-21 各地区按资质等级划分的总承包建筑业企业房屋施工面积

单位：万平方米

地区	合计	特级	一级	二级	三级及以下
全国总计	**1542830**	**678701**	**529162**	**216362**	**118605**
北京	90759	70912	19227	513	107
天津	16963	8921	7454	467	121
河北	35201	9511	15074	8320	2297
山西	23006	13743	4538	3269	1456
内蒙古	7496	4061	1314	1410	712
辽宁	17783	1652	4953	2975	8203
吉林	7831	1114	2487	2285	1946
黑龙江	3599	936	1608	591	463
上海	54455	40531	11416	2191	317
江苏	270848	141222	71753	38411	19462
浙江	176785	84792	65050	18064	8879
安徽	52370	17448	16681	11055	7185
福建	84941	22745	45879	10763	5554
江西	34740	9018	14013	6291	5418
山东	91035	42105	28422	15062	5446
河南	65970	28167	19305	10870	7628
湖北	91696	56556	23615	7476	4049
湖南	75541	35097	20112	12323	8008
广东	102544	23975	57437	13412	7719
广西	29295	13353	8319	5565	2058
海南	1693	119	1056	319	199
重庆	36378	2947	22241	6717	4473
四川	70957	14165	32450	18084	6259
贵州	17737	6024	6541	3783	1389
云南	18180	5150	4828	3681	4521
西藏	418	1		310	107
陕西	36091	19112	11019	5281	679
甘肃	12400	2536	6369	2279	1216
青海	889	21	463	325	79
宁夏	1958	147	608	913	290
新疆	13269	2620	4927	3356	2365

4-22 各地区按资质等级划分的总承包建筑业企业房屋竣工面积

单位：万平方米

地区	合计	特级	一级	二级	三级及以下
全国总计	**393161**	**135032**	**130656**	**75090**	**52384**
北京	13127	10772	2240	106	9
天津	1915	941	810	99	65
河北	8055	1849	2672	2833	701
山西	4835	2295	1332	742	466
内蒙古	1320	335	326	404	254
辽宁	3283	381	941	808	1152
吉林	2639	287	829	757	766
黑龙江	750	192	270	157	131
上海	9141	6391	2119	531	100
江苏	74229	33311	20620	12818	7480
浙江	41145	18779	14218	5072	3076
安徽	13172	2364	5044	2819	2946
福建	18221	3503	10237	2578	1903
江西	13951	2146	4670	3494	3641
山东	21857	8552	7096	4492	1717
河南	18301	4625	4362	5102	4212
湖北	32341	16677	9302	3776	2587
湖南	23521	6517	5869	5845	5291
广东	23460	3364	14240	3204	2653
广西	8515	3196	2550	1784	985
海南	471	39	197	181	54
重庆	12729	339	5864	3283	3243
四川	22475	2783	8174	7861	3657
贵州	3937	983	1319	971	664
云南	6075	865	1182	1545	2484
西藏	187	1		122	65
陕西	7004	2813	2047	1784	359
甘肃	2331	344	726	676	585
青海	276	0	132	107	37
宁夏	815	65	308	318	124
新疆	3082	324	961	820	977

4–23　各地区按资质等级划分的总承包建筑业企业实收资本

单位：万元

地　区	合计	特级	一级	二级	三级及以下
全国总计	**390609411**	**103362293**	**128189793**	**88535091**	**70522234**
北　京	33495113	23256271	8201932	1054074	982836
天　津	8120995	3550103	3035170	797044	738678
河　北	10564062	1501339	3998326	3573469	1490929
山　西	10010027	3261912	2706430	1884412	2157274
内 蒙 古	4091453	180749	1316064	1266764	1327875
辽　宁	8063138	1003702	2364228	2148557	2546652
吉　林	5089067	247967	1070122	1263063	2507915
黑 龙 江	4330761	604909	1660782	1288220	776850
上　海	12525860	5462650	3815630	2022310	1225271
江　苏	33800848	4841063	10537238	10161814	8260733
浙　江	23829889	4399359	9319103	5436860	4674567
安　徽	11409202	3745274	2925829	2269768	2468331
福　建	15439525	1366300	6270425	3391675	4411125
江　西	12103019	883948	4967649	3029815	3221607
山　东	21707049	4201918	7575810	6140155	3789167
河　南	19078263	3060479	5613458	5267105	5137221
湖　北	19391660	6397075	6311379	4001403	2681803
湖　南	13749127	3579861	4633376	3104061	2431830
广　东	25355652	5966089	11321619	4342634	3725310
广　西	6927460	1173056	2760985	1816131	1177289
海　南	1137034	30000	662184	231392	213458
重　庆	9387387	702718	3887149	2405361	2392159
四　川	25749799	4618393	10779773	6509919	3841713
贵　州	6843341	1665935	2000429	1934942	1242036
云　南	19183453	12194364	1870390	2313481	2805217
西　藏	1104432	510	17262	907263	179397
陕　西	13773479	3552182	4400509	4611643	1209145
甘　肃	6073068	1131649	1449189	2177129	1315102
青　海	1563867	187015	550355	574994	251504
宁　夏	1507389	32718	317450	831701	325519
新　疆	5203992	562788	1849548	1777933	1013724

4-24 各地区按资质等级划分的总承包建筑业企业资产总计

单位：万元

地　区	合计	特级	一级	二级	三级及以下
全国总计	**2802666097**	**1084122547**	**947289131**	**433864263**	**337390156**
北　京	312375933	237702855	65078261	4733985	4860832
天　津	68474713	36406448	22810555	4509577	4748133
河　北	73048198	16348497	32345708	17570064	6783929
山　西	81793864	38064099	24574199	9200651	9954915
内蒙古	24187965	3137057	7197504	8540302	5313102
辽　宁	54106951	8982030	19277515	11999613	13847793
吉　林	27436227	2329676	8064684	7610202	9431665
黑龙江	20779961	5554911	8492478	4243673	2488899
上　海	116286500	59335376	39228727	11256007	6466390
江　苏	219680252	72835760	64642928	45981029	36220534
浙　江	152164544	52146005	57840350	22207581	19970608
安　徽	87683496	38353901	22335647	12321837	14672112
福　建	84316388	13793141	39457535	12973767	18091946
江　西	63825788	9155900	30464594	11568849	12636444
山　东	175660783	56056378	62132743	37822464	19649198
河　南	108462436	30397861	38602132	20504235	18958208
湖　北	170950980	100811745	40712011	19217182	10210043
湖　南	81064304	30621499	29230224	12270510	8942070
广　东	210017722	60727923	102770563	24188711	22330525
广　西	49092637	17769364	16243108	9178184	5901982
海　南	5433984	334321	2513478	1179406	1406779
重　庆	67038983	7227113	34008605	12842814	12960450
四　川	166120709	51918304	62348104	30404475	21449826
贵　州	82936583	23165964	27220138	18955308	13595173
云　南	82848250	37262601	21085831	10736180	13763638
西　藏	7879325	3474	359619	6284084	1232149
陕　西	106142747	48778878	31301484	20118276	5944109
甘　肃	43738204	13471044	13975380	9562027	6729752
青　海	8247383	3125313	2273484	1804983	1043604
宁　夏	7691428	230397	2254034	3802103	1404894
新　疆	43178862	8074711	18447509	10276186	6380456

4-25 各地区按资质等级划分的总承包建筑业企业所有者权益

单位：万元

地区	合计	特级	一级	二级	三级及以下
全国总计	**802241732**	**288458153**	**240339761**	**151356147**	**122087671**
北京	107482784	90878484	14058908	1407849	1137542
天津	13160499	6713942	3589181	1275529	1581847
河北	17817043	3055399	6750993	5850041	2160611
山西	19591602	7177964	6069820	2709988	3633831
内蒙古	7469792	573785	1999389	2903906	1992712
辽宁	13186146	1726649	3387816	3505679	4566002
吉林	8075431	528283	1960400	2088650	3498098
黑龙江	5087832	330518	2002840	1764265	990210
上海	24539059	11664223	7291767	3566698	2016371
江苏	87449259	25153597	24669585	21497131	16128945
浙江	44605864	13840349	16646744	7558536	6560235
安徽	22973953	8049282	6217907	4144858	4561906
福建	31556513	4175855	13189861	5801712	8389085
江西	20838140	2464716	8744497	4815882	4813046
山东	39978975	11274341	13584241	9911690	5208704
河南	33407498	6898526	9678881	8757039	8073052
湖北	52467358	27558026	13510559	6973228	4425544
湖南	26514562	7615134	9291114	5606071	4002242
广东	50413582	12621886	23636425	6981673	7173598
广西	11754432	2938268	4215419	2746745	1854000
海南	1766799	47452	884026	438934	396387
重庆	19002404	1847717	6900449	4656797	5597441
四川	44690988	9991799	16649041	10893309	7156839
贵州	17340346	3224850	5470373	4804461	3840662
云南	28450472	14705180	4485492	4020322	5239480
西藏	2449791	3344	58458	2083178	304811
陕西	23063274	7960042	6493358	6310237	2299637
甘肃	12482567	3206111	3307768	3664014	2304673
青海	2503011	783585	791325	628615	299487
宁夏	2026915	40710	463355	1105200	417650
新疆	10094842	1408136	4339768	2883913	1463025

4-26 各地区按资质等级划分的总承包建筑业企业负债合计

单位：万元

地区	合计	特级	一级	二级	三级及以下
全国总计	**2000424366**	**795664394**	**706949370**	**282508116**	**215302486**
北京	204893150	146824371	51019353	3326136	3723290
天津	55314214	29692506	19221374	3234047	3166286
天津	55231155	13293098	25594715	11720024	4623318
山西	62202262	30886136	18504379	6490664	6321084
内蒙古	16718173	2563272	5198115	5636397	3320389
辽宁	40920805	7255382	15889698	8493934	9281791
吉林	19360797	1801393	6104284	5521552	5933568
黑龙江	15692129	5224394	6489638	2479408	1498689
上海	91747441	47671153	31936960	7689309	4450019
江苏	132230993	47682163	39973343	24483898	20091589
浙江	107558681	38305657	41193606	14649046	13410373
安徽	64709543	30304619	16117740	8176979	10110206
福建	52759875	9617285	26267674	7172055	9702862
江西	42987648	6691185	21720097	6752967	7823398
山东	135681807	44782037	48548502	27910774	14440494
河南	75054937	23499335	28923251	11747196	10885156
湖北	118483623	73253719	27201452	12243954	5784498
湖南	54549742	23006365	19939110	6664439	4939828
广东	159604140	48106038	79134138	17207037	15156927
广西	37338205	14831095	12027689	6431439	4047982
海南	3667185	286869	1629452	740472	1010392
重庆	48036579	5379396	27108156	8186017	7363009
四川	121429721	41926505	45699063	19511166	14292986
贵州	65596237	19941114	21749765	14150847	9754511
云南	54397778	22557421	16600339	6715859	8524159
西藏	5429535	129	301161	4200907	927337
陕西	83079473	40818836	24808126	13808039	3644473
甘肃	31255636	10264933	10667612	5898013	4425079
青海	5744372	2341728	1482159	1176369	744117
宁夏	5664513	189688	1790679	2696902	987244
新疆	33084020	6666575	14107741	7392273	4917431

4-27 各地区按资质等级划分的总承包建筑业企业营业收入

单位：万元

地区	合计	特级	一级	二级	三级及以下
全国总计	**2391682334**	**877231787**	**838443631**	**378915628**	**297091287**
北京	153870487	108136410	39044354	3094894	3594829
天津	40991220	21200217	14457305	2299634	3034065
河北	55561758	11458366	26857784	12223775	5021834
山西	53654224	23596998	15679277	7449455	6928494
内蒙古	13783223	3748102	4240657	3249480	2544983
辽宁	31993640	5721768	10793308	6496098	8982466
吉林	18322129	1353040	5921754	4533803	6513532
黑龙江	13243661	2823786	5079771	3074902	2265203
上海	105607019	62933182	28093293	9200185	5380359
江苏	295208414	129339996	84477612	49055096	32335711
浙江	173667007	61097193	68552792	23893968	20123054
安徽	77164622	29094292	21190207	11274772	15605351
福建	113574712	20196402	58167380	18774278	16436652
江西	65523618	11369603	30386944	11625950	12141122
山东	144015424	56658819	48404968	24566500	14385137
河南	102012202	27731185	30697519	22346756	21236742
湖北	162719843	89414251	46186977	16448136	10670479
湖南	103232298	32466912	37571386	18659990	14534009
广东	176141091	43748356	90061329	22371321	19960084
广西	44498542	17296994	12849402	8459522	5892624
海南	4997971	193480	2479307	1120414	1204770
重庆	69767243	5419780	30248117	15938160	18161187
四川	138405321	35840394	53959783	30665172	17939973
贵州	34738883	12595991	11477971	7071078	3593844
云南	46498181	14892750	11878169	8438132	11289131
西藏	3241470	302	145636	2523313	572220
陕西	82105350	36569285	24365596	17157406	4013064
甘肃	23470395	5130494	8781509	5179170	4379222
青海	6509759	2763602	1693790	1229289	823077
宁夏	7105739	362642	2318789	2945410	1478898
新疆	30056890	4077197	12380950	7549568	6049175

4-28 各地区按资质等级划分的总承包建筑业企业利税总额

单位：万元

地区	合计	特级	一级	二级	三级及以下
全国总计	**139967785**	**45459184**	**44489691**	**26779918**	**23238992**
北京	11305561	9624374	1369570	128879	182739
天津	1159701	548531	406997	80099	124075
河北	2284019	192322	1195243	627889	268565
山西	2569798	1093258	698611	375214	402716
内蒙古	597719	108767	165145	132051	191756
辽宁	979794	-106705	330721	306726	449052
吉林	1099858	33854	369505	302753	393746
黑龙江	525152	-17909	262284	157367	123410
上海	3098670	1433112	1071038	446390	148130
江苏	21864406	8802927	6171047	4052525	2837907
浙江	8557951	2707509	3313346	1308343	1228754
安徽	4180479	1258781	1229950	732145	959603
福建	7610815	991536	3721932	1542682	1354666
江西	4274271	604030	1666588	947474	1056178
山东	7637371	2873658	2525189	1475961	762563
河南	8109002	1112367	1566770	2533241	2896624
湖北	10472408	4924061	3097994	1414091	1036262
湖南	6896395	1730979	2040097	1652853	1472467
广东	8056211	1527913	4106114	1299794	1122391
广西	2278439	734525	791393	431745	320776
海南	355904	11388	157740	71838	114938
重庆	5330642	254708	1561400	1404271	2110263
四川	8570916	1528809	3208149	2203143	1630815
贵州	1311035	512773	200453	361910	235900
云南	3112764	992540	725128	612693	782403
西藏	168135	70	7292	157831	2942
陕西	4325779	1590857	1207787	1173920	353215
甘肃	1370377	198269	538236	347428	286444
青海	267759	68631	116682	48310	34136
宁夏	303704	22383	77620	132217	71483
新疆	1292749	100866	589670	318137	284076

4-29 各地区按资质等级划分的总承包建筑业企业利润总额

单位：万元

地 区	合计	特级	一级	二级	三级及以下
全国总计	**77638626**	**30744856**	**22974946**	**12513637**	**11405186**
北 京	9332680	8522376	690955	39494	79856
天 津	604083	361405	191609	13788	37280
河 北	884645	-36701	560256	260911	100179
山 西	1355178	685092	363868	139858	166360
内蒙古	193978	64747	32216	6742	90272
辽 宁	217772	-200307	103386	127987	186706
吉 林	481135	17922	157744	131500	173968
黑龙江	88532	-88153	96176	48010	32499
上 海	1912468	1143039	612599	154685	2146
江 苏	12746786	5378302	3510641	2279592	1578251
浙 江	3940816	1350096	1516841	498844	575035
安 徽	2274822	844193	641207	336887	452536
福 建	3988189	546444	1937825	802075	701846
江 西	2317633	297007	886973	550424	583229
山 东	4126143	1927421	1259830	628332	310560
河 南	4569656	662653	732870	1382254	1791879
湖 北	5825584	2993547	1641750	704956	485331
湖 南	3288446	1123903	920929	648929	594685
广 东	4227887	909368	2210366	586246	521907
广 西	1164353	410672	468338	183340	102003
海 南	175474	8224	88025	17862	61364
重 庆	2773064	167352	672141	746450	1187120
四 川	4995290	1097098	1977840	997822	922530
贵 州	580526	377881	27869	110426	64350
云 南	1689204	748291	434414	249797	256702
西 藏	89095	45	5952	103441	-20343
陕 西	2431842	1166896	592317	488145	184484
甘 肃	538355	111748	196047	138096	92464
青 海	145720	62252	72697	4847	5923
宁 夏	103709	15689	30788	44699	12534
新 疆	575563	76352	340478	87200	71534

4-30 各地区按资质等级划分的总承包建筑业企业税金总额

单位：万元

地 区	合计	特级	一级	二级	三级及以下
全国总计	**62329160**	**14714328**	**21514745**	**14266282**	**11833806**
北 京	1972881	1101998	678615	89386	102883
天 津	555619	187126	215387	66310	86795
河 北	1399374	229022	634988	366978	168386
山 西	1214621	408166	334744	235356	236355
内蒙古	403741	44020	132928	125309	101483
辽 宁	762023	93602	227336	178740	262345
吉 林	618724	15932	211761	171254	219778
黑龙江	436620	70244	166107	109357	90912
上 海	1186202	290073	458439	291705	145984
江 苏	9117620	3424625	2660406	1772933	1259656
浙 江	4617135	1357413	1796504	809499	653719
安 徽	1905657	414588	588744	395258	507067
福 建	3622626	445092	1784107	740607	652820
江 西	1956638	307023	779615	397050	472950
山 东	3511229	946238	1265360	847629	452003
河 南	3539347	449714	833900	1150987	1104745
湖 北	4646824	1930514	1456245	709135	550931
湖 南	3607949	607075	1119168	1003924	877782
广 东	3828324	618545	1895748	713548	600484
广 西	1114086	323852	323055	248406	218773
海 南	180430	3164	69715	53977	53574
重 庆	2557578	87356	889259	657821	923143
四 川	3575626	431711	1230310	1205320	708286
贵 州	730509	134891	172584	251484	171550
云 南	1423560	244249	290714	362896	525701
西 藏	79040	25	1340	54391	23285
陕 西	1893936	423961	615470	685775	168731
甘 肃	832022	86521	342189	209332	193980
青 海	122039	6378	43985	43463	28213
宁 夏	199995	6695	46833	87519	58949
新 疆	717186	24514	249193	230937	212542

4-31 各地区按资质等级划分的总承包建筑业企业主营业务收入

单位：万元

地区	合计	特级	一级	二级	三级及以下
全国总计	**2345887870**	**871187197**	**820829547**	**368009781**	**285861345**
北京	152928983	107716832	38578685	3066572	3566893
天津	40271541	21091323	14304478	2073781	2801958
河北	54349979	11351117	26553452	11676986	4768424
山西	52507884	23460268	15234041	7229883	6583692
内蒙古	13389925	3743345	4085067	3132840	2428673
辽宁	30421098	5591356	10493358	5957805	8378579
吉林	17798435	1344255	5871173	4433861	6149146
黑龙江	12920277	2815421	4960239	2963001	2181617
上海	104574080	62516298	27832828	8999202	5225752
江苏	292062363	128879825	82697077	48561335	31924126
浙江	170550693	60793014	66803620	23471539	19482520
安徽	75240138	28680798	20810467	10967045	14781829
福建	110186605	20033745	56666117	18132031	15354712
江西	63484172	11327963	29513888	11022346	11619975
山东	140542748	56438161	46471852	23908332	13724402
河南	101143986	27591587	30440481	22169305	20942614
湖北	159052064	87991150	44865262	15899802	10295850
湖南	101124518	32453636	36373646	18236546	14060690
广东	173882151	43406334	89234950	21947926	19292942
广西	43188562	17260324	12034897	8224863	5668478
海南	4931451	192529	2470048	1088316	1180558
重庆	69055609	5331552	30050503	15713424	17960130
四川	134464293	35748301	52577878	29518814	16619300
贵州	33417669	12553093	11077948	6596170	3190457
云南	45597203	14652266	11815431	8201931	10927577
西藏	3056576	302	144967	2374148	537159
陕西	80462152	36434361	24143770	16132277	3751744
甘肃	22418688	4651856	8649386	4911144	4206303
青海	6165033	2714189	1443581	1215151	792112
宁夏	7007964	362642	2311791	2898937	1434593
新疆	29691035	4059358	12318667	7284468	6028542

4-32 各地区按资质等级划分的总承包建筑业企业管理费用

单位：万元

地　区	合计	特级	一级	二级	三级及以下
全国总计	**63253632**	**14497932**	**20356195**	**13897871**	**14501634**
北　京	3514724	1777217	1225443	236032	276032
天　津	1084943	363840	386113	129789	205202
河　北	1596156	266937	739259	351201	238759
山　西	1506879	406186	422456	295871	382366
内蒙古	515520	66742	161893	152404	134481
辽　宁	1386476	154189	351452	281404	599432
吉　林	585665	27466	125922	157594	274682
黑龙江	475958	46021	153011	157977	118950
上　海	2188124	733786	673565	401189	379585
江　苏	7271952	1694855	2249627	1686872	1640599
浙　江	4245991	897823	1471234	823139	1053794
安　徽	2050301	531994	410043	394777	713487
福　建	3016173	236260	1390427	597807	791679
江　西	1831656	163600	799185	368882	499989
山　东	4207206	943844	1329298	1122387	811678
河　南	2920913	514024	875372	778853	752664
湖　北	4178857	1878374	1180370	632303	487810
湖　南	2991160	791933	974250	675881	549097
广　东	3913081	619443	1541116	722984	1029538
广　西	1236675	327970	371660	260621	276425
海　南	93209	2627	29084	26672	34825
重　庆	2026150	94286	594621	544998	792246
四　川	3964223	675751	1219497	1144590	924386
贵　州	907937	209343	260398	248729	189467
云　南	1387594	242429	288441	347764	508961
西　藏	137510	29	6381	88820	42280
陕　西	1907826	541418	504536	637576	224296
甘　肃	787262	123493	238712	194599	230458
青　海	203476	67436	42542	47954	45544
宁　夏	235419	1344	55159	113183	65733
新　疆	884617	97273	285131	275022	227191

4-33 各地区按资质等级划分的总承包建筑业企业财务费用

单位：万元

地区	合计	特级	一级	二级	三级及以下
全国总计	**14811143**	**5232202**	**5580403**	**2378603**	**1619935**
北京	651563	476492	169886	6885	-1699
天津	241868	113960	83394	30404	14110
河北	448031	118890	197185	95580	36377
山西	433567	277601	122669	24537	8760
内蒙古	110916	28935	21084	27741	33156
辽宁	342115	67027	139788	63075	72226
吉林	171060	11715	46616	60984	51745
黑龙江	86637	32176	35741	7596	11124
上海	320375	217312	92090	1279	9694
江苏	1731244	626842	460499	437169	206734
浙江	759421	260077	287933	148714	62697
安徽	547384	283449	132279	56600	75056
福建	415812	62195	239081	48744	65792
江西	411613	96894	180729	49803	84187
山东	1021236	337574	365745	218732	99185
河南	846447	253360	285432	168293	139363
湖北	864260	488181	239204	80451	56424
湖南	652691	234725	290099	67686	60181
广东	1063634	255791	569775	129359	108708
广西	274646	84551	131470	34948	23677
海南	13258	317	1722	1133	10086
重庆	648861	37357	379281	142380	89843
四川	881015	235583	331422	187449	126561
贵州	526982	142590	297399	49576	37417
云南	497802	257076	124820	59182	56725
西藏	24712		-259	22046	2925
陕西	284440	94748	117277	54240	18176
甘肃	200023	18859	97362	48220	35581
青海	38404	26253	9148	1346	1656
宁夏	24226	1454	11948	7231	3594
新疆	276901	90219	119586	47221	19875

4-34 各地区按资质等级划分的总承包建筑业企业应收工程款

单位：万元

地　区	合计	特级	一级	二级	三级及以下
全国总计	**521762727**	**166771538**	**205070884**	**88705748**	**61214557**
北　京	35959025	20812104	13347641	776043	1023237
天　津	11119160	4047134	5315879	886306	869843
河　北	14296981	2181149	6436360	4275848	1403625
山　西	18292737	7302861	6183929	2636718	2169228
内蒙古	5746683	1048724	2162407	1380703	1154849
辽　宁	10188855	1716325	4088922	2291028	2092579
吉　林	7682033	1077028	2259168	2179146	2166691
黑龙江	4370390	947563	1866586	934410	621831
上　海	16356788	7857157	6214136	1431972	853524
江　苏	47036301	15161479	14994037	9880876	6999909
浙　江	29932658	10200596	11991420	4234294	3506349
安　徽	17489502	7184567	5244125	2334085	2726724
福　建	13245075	1977175	6413834	2434627	2419440
江　西	11642127	1195546	6527925	1869811	2048846
山　东	38783086	12483244	14837001	7645384	3817458
河　南	21473185	5670012	8258024	4216301	3328848
湖　北	31223173	14590590	10533515	3838810	2260258
湖　南	14028107	4206317	5904680	2133124	1783985
广　东	35249910	8381349	19408371	3839090	3621101
广　西	9221685	3489170	2703472	1805279	1223765
海　南	976447	27215	419002	319918	210311
重　庆	14293274	1811301	7390679	2754019	2337275
四　川	26457383	5438383	11489164	6109468	3420369
贵　州	14855110	4227777	5378781	3684483	1564069
云　南	19377593	6390674	7195905	2615039	3175975
西　藏	1134374	465	90238	860346	183325
陕　西	29503146	14038661	9407390	5057355	999740
甘　肃	7934407	1448141	3304349	1934399	1247518
青　海	1289395	394117	396595	318675	180008
宁　夏	2502881	63123	665552	1371895	402311
新　疆	10101257	1401593	4641797	2656298	1401569

4-35 各地区专业承包建筑业企业签订合同情况

单位：万元

地区	签订合同额	上年结转合同额	本年新签合同额
全国总计	**422555720**	**145911791**	**276643928**
北京	23849867	9547539	14302328
天津	14005782	5374011	8631771
河北	5195035	1565702	3629333
山西	5597867	1804826	3793041
内蒙古	675785	230638	445147
辽宁	11433966	3888106	7545860
吉林	5791425	2302129	3489296
黑龙江	2050807	690969	1359838
上海	16514723	6929168	9585555
江苏	51596223	17559304	34036919
浙江	36607459	12692392	23915067
安徽	14882674	3870411	11012263
福建	21121542	7703444	13418098
江西	8154378	2285770	5868607
山东	21468357	4839509	16628848
河南	21497047	3916002	17581045
湖北	19760748	8150845	11609903
湖南	14437642	5391785	9045858
广东	69180310	26251071	42929239
广西	3906277	1455470	2450807
海南	914909	309856	605054
重庆	10660987	3400027	7260961
四川	20272864	7947221	12325643
贵州	2290222	887647	1402576
云南	8294866	3025539	5269327
西藏	75726	28061	47664
陕西	8296486	2687655	5608832
甘肃	1683560	553148	1130413
青海	406917	84238	322680
宁夏	440611	128631	311980
新疆	1490659	410680	1079980

4-36 各地区专业承包建筑业企业承包工程完成情况

单位：万元

地区	直接从建设单位承揽工程完成的产值	自行完成施工产值	分包出去工程的产值	从建设单位以外承揽工程完成的产值
全国总计	**246703681**	**238738676**	**7965005**	**39212469**
北京	12383008	11363941	1019066	6182518
天津	7047774	6068651	979123	2169565
河北	3375622	3305635	69987	366745
山西	3157670	3090722	66949	743273
内蒙古	443303	428081	15222	8419
辽宁	6980895	6840373	140522	326389
吉林	2787586	2742413	45173	214524
黑龙江	1106397	1102502	3896	35684
上海	8810133	8337416	472716	2821658
江苏	31769854	31446898	322957	6632000
浙江	22023199	21585895	437304	3379804
安徽	9692351	9560732	131619	1478365
福建	12917816	12797294	120522	952890
江西	5462412	5273148	189265	512898
山东	13365885	12970201	395684	1416187
河南	15744434	15402115	342319	1248118
湖北	11297017	11071325	225691	1096026
湖南	8736488	8602563	133925	768361
广东	35505038	33622040	1882998	4524801
广西	2115457	2056916	58541	411868
海南	494519	489929	4590	17842
重庆	7252896	7124767	128129	849128
四川	10923099	10614396	308703	982152
贵州	1151383	1135011	16372	68962
云南	4948032	4761195	186838	921234
西藏	54941	54941		1626
陕西	4444190	4235487	208702	880836
甘肃	1054455	1034085	20370	48354
青海	325885	321649	4236	5558
宁夏	318795	303584	15211	4029
新疆	1013150	994772	18378	142658

4-37 各地区专业承包企业建筑业总产值和竣工产值

单位：万元

地区	建筑业总产值	#装饰装修产值	#在外省完成的产值	按构成分组			竣工产值
				建筑工程产值	安装工程产值	其他产值	
全国总计	**277951145**	**66223926**	**78557193**	**199138609**	**63608689**	**15203847**	**117343412**
北京	17546459	6647461	10749549	15527370	1872141	146948	8644067
天津	8238216	641098	2081299	5889435	1771083	577699	2558323
河北	3672379	745396	761907	2444987	1007665	219727	1490037
山西	3833995	393869	741232	2496543	962285	375166	1514516
内蒙古	436500	35003	18907	200528	213860	22113	205036
辽宁	7166762	1146987	1361761	4422494	2244371	499897	2709657
吉林	2956938	314141	303123	1845080	953873	157984	1565173
黑龙江	1138186	174985	162315	685681	328873	123633	444157
上海	11159075	4341358	4638394	8136813	2839439	182823	5807061
江苏	38078897	14279152	14110891	29997774	7601355	479769	25723914
浙江	24965699	7573468	5095313	17804738	6417958	743004	11315055
安徽	11039097	1081343	3096974	6452428	2765164	1821505	3456891
福建	13750183	2301936	5385888	10710234	2644129	395820	4751448
江西	5786046	1910296	2165595	4341843	1230799	213405	2385609
山东	14386387	3187305	1951057	9695540	3678047	1012800	6187656
河南	16650233	2497231	1978633	11717811	3794892	1137530	7016244
湖北	12167352	1708041	2865404	8073601	3304012	789739	4429117
湖南	9370924	1490737	3396571	5576979	2785701	1008244	4928013
广东	38146842	11009064	10646956	27187953	8259010	2699879	9704980
广西	2468784	257415	71198	1795756	536286	136743	597855
海南	507771	98655	39672	264999	233675	9097	122012
重庆	7973895	1593149	2314469	5227156	1995009	751730	2794557
四川	11596547	1243369	2615070	8033066	2899542	663940	3849841
贵州	1203973	107170	65345	655388	499227	49359	412133
云南	5682428	419356	319488	4100034	1154034	428361	2069751
西藏	56566	3064		40853	9401	6312	40651
陕西	5116323	693536	1321257	3873254	873214	369855	1210290
甘肃	1082439	139126	96175	760990	278545	42904	485606
青海	327207	4077	103387	272665	51810	2732	164226
宁夏	307614	20609	32162	247908	49816	9889	277668
新疆	1137430	165529	67198	658712	353477	125241	481868

4-38 各地区专业承包建筑业企业房屋建筑面积

地　区	房屋施工面积（万平方米）	#本年新开工	房屋竣工面积（万平方米）	房屋竣工率（%）
全国总计	**32634**	**14408**	**14866**	**45.6**
北　京	396	84	127	32.2
天　津	1059	406	274	25.9
河　北	348	164	157	45.1
山　西	311	157	213	68.5
内蒙古	1	0	1	63.9
辽　宁	346	184	176	50.8
吉　林	906	282	367	40.5
黑龙江	155	117	37	23.7
上　海	348	206	92	26.4
江　苏	2580	1092	764	29.6
浙　江	5171	2520	2157	41.7
安　徽	1518	765	835	55.0
福　建	2231	777	961	43.1
江　西	786	467	524	66.7
山　东	3977	1713	2162	54.4
河　南	1424	923	688	48.3
湖　北	2320	705	771	33.2
湖　南	827	366	508	61.4
广　东	3435	1203	1065	31.0
广　西	189	86	82	43.1
海　南	7	6	5	72.1
重　庆	1517	923	1203	79.3
四　川	1395	785	776	55.6
贵　州	155	92	98	63.6
云　南	571	170	573	100.5
西　藏	8	0	9	119.7
陕　西	471	138	161	34.3
甘　肃	19	16	10	53.1
青　海	47	2	1	3.0
宁　夏	32	26	25	79.1
新　疆	86	35	42	49.0

4-39 各地区按主要用途分的专业承包建筑业企业房屋竣工面积

单位：万平方米

地区	总计	住宅房屋	商业及服务用房屋	办公用房屋	科研、教育和医疗用房屋
全国总计	**14866**	**7553**	**1126**	**502**	**566**
北京	127	77	3		
天津	274	165	32	14	8
河北	157	59	2	6	1
山西	213	55	20	5	6
内蒙古	1			0	
辽宁	176	50	39	2	44
吉林	367	230	3	6	1
黑龙江	37	19	3	2	1
上海	92	1	0	1	0
江苏	764	394	58	37	26
浙江	2157	478	43	37	26
安徽	835	394	46	18	75
福建	961	364	260	108	49
江西	524	238	23	54	20
山东	2162	1535	77	68	51
河南	688	337	34	19	21
湖北	771	312	154	13	70
湖南	508	308	42	15	32
广东	1065	527	86	41	49
广西	82	13	1	5	4
海南	5	4	0	0	0
重庆	1203	988	45	12	15
四川	776	470	70	17	19
贵州	98	35	9	7	2
云南	573	350	41	12	26
西藏	9	5	0	0	2
陕西	161	99	31	1	13
甘肃	10	1	1	1	1
青海	1	0	0	0	0
宁夏	25	15	0	1	0
新疆	42	30	4	2	2

4-39 续表 单位：万平方米

地区	文化、体育和娱乐用房屋	厂房及建筑物	仓库	其他未列明的房屋建筑物
全国总计	**204**	**4196**	**96**	**622**
北京	3	45		
天津	0	32	0	23
河北	0	83	0	5
山西	3	114	0	9
内蒙古		1		
辽宁	3	34	1	3
吉林	11	53		65
黑龙江	0	10	2	0
上海	0	89		0
江苏	7	212	4	26
浙江	64	1396	18	95
安徽	1	263	4	33
福建	8	135	2	35
江西	9	129	3	48
山东	6	387	18	18
河南	19	196	28	34
湖北	18	189	0	14
湖南	9	94	1	7
广东	17	280	1	66
广西	0	39	0	18
海南	0	0	0	0
重庆	1	122	1	20
四川	3	173	3	22
贵州	0	17	5	23
云南	20	76	4	45
西藏	0	0	0	1
陕西	1	13	0	3
甘肃	0	3	0	2
青海		0		0
宁夏	0	9		0
新疆		0	0	5

4-40 各地区按主要用途分的专业承包建筑业企业房屋竣工价值

单位：万元

地区	总计	住宅房屋	商业及服务用房屋	办公用房屋	科研、教育和医疗用房屋
全国总计	**14979219**	**6602488**	**1214276**	**734149**	**871815**
北京	129936	66104	2414		
天津	173887	100721	13940	18458	7127
河北	130271	55042	2529	6706	4544
山西	117345	23432	8652	5325	687
内蒙古	1238			585	
辽宁	130249	46474	13919	5181	24223
吉林	158707	76818	2756	24652	1410
黑龙江	33392	20767	3483	1452	449
上海	72450	2139	341	1477	205
江苏	967307	458434	91482	66440	59248
浙江	2333960	493776	63754	43268	69121
安徽	701850	350846	48164	30135	49376
福建	1238260	671138	111286	166294	39783
江西	843583	350028	76213	88489	41077
山东	1022380	424022	74792	88751	60745
河南	840300	333833	36907	21167	18273
湖北	1436524	337031	287000	20756	268154
湖南	744265	491797	57364	26207	71113
广东	1302027	786647	55853	48468	56641
广西	108861	22139	1422	4448	11225
海南	19239	14500	1681	476	531
重庆	694774	428627	78557	13197	12074
四川	1189469	758663	127135	33468	31562
贵州	37453	7588	1758	1580	1404
云南	294859	148525	12498	11192	22511
西藏	21100	17480	29	219	331
陕西	141382	72947	34748	1355	9628
甘肃	23431	2900	1243	1534	3122
青海	2762	28	25	398	1209
宁夏	11414	4067	58	554	841
新疆	56547	35979	4275	1920	5204

4-40 续表 单位：万元

地区	文化、体育和娱乐用房屋	厂房及建筑物	仓库	其他未列明的房屋建筑物
全国总计	**302386**	**4396180**	**76685**	**781239**
北京	5594	55824		
天津	71	24484	423	8663
河北	73	56219	523	4635
山西	160	71588	1013	6490
内蒙古		653		
辽宁	1212	29344	740	9155
吉林	3303	28661		21106
黑龙江	451	6105	146	540
上海	45	68064		180
江苏	5226	249812	5985	30681
浙江	68194	1374441	19025	202382
安徽	1278	196694	4562	20796
福建	13480	191825	1552	42903
江西	17200	174565	4143	91869
山东	12117	323059	11618	27277
河南	11604	379118	13737	25660
湖北	114552	382909	373	25749
湖南	1303	82063	977	13442
广东	30294	244325	1575	78225
广西	16	53077	1552	14982
海南	354	1549	98	51
重庆	614	84796	392	76516
四川	3796	193481	1590	39776
贵州	433	20726	779	3186
云南	8547	67913	1290	22384
西藏	15	626	129	2271
陕西	1632	14671	473	5928
甘肃	756	9577	24	4275
青海		360		742
宁夏	68	5674		153
新疆		3980	3965	1225

4-41 各地区专业承包建筑业企业主要生产效益指标

地　区	建筑业企业个数（个）	从事建筑业活动的平均人数（人）	按总产值计算的劳动生产率（元/人）	人均竣工产值（元/人）	人均施工面积（平方米/人）	人均竣工面积（平方米/人）
全国总计	**36872**	**6869627**	**404609**	**170815**	**47.5**	**21.6**
北　京	1584	350370	500798	246713	11.3	3.6
天　津	1514	370847	222146	68986	28.6	7.4
河　北	684	59544	616751	250241	58.4	26.3
山　西	1329	109909	348834	137797	28.3	19.4
内蒙古	122	12154	359141	168698	1.0	0.6
辽　宁	2573	150129	477374	180489	23.1	11.7
吉　林	895	62810	470775	249192	144.2	58.5
黑龙江	550	29075	391465	152763	53.2	12.6
上　海	1065	181031	616418	320777	19.2	5.1
江　苏	3847	1219303	312301	210972	21.2	6.3
浙　江	2281	600334	415863	188479	86.1	35.9
安　徽	1445	255974	431259	135049	59.3	32.6
福　建	1983	408263	336797	116382	54.6	23.5
江　西	562	103514	558963	230462	75.9	50.6
山　东	2842	270879	531100	228429	146.8	79.8
河　南	2758	366103	454796	191647	38.9	18.8
湖　北	1219	195377	622763	226696	118.8	39.5
湖　南	758	257851	363424	191119	32.1	19.7
广　东	3559	830862	459124	116806	41.3	12.8
广　西	320	49643	497308	120431	38.2	16.4
海　南	66	6391	794510	190913	11.0	7.9
重　庆	1047	301354	264602	92733	50.3	39.9
四　川	1354	314073	369231	122578	44.4	24.7
贵　州	293	28729	419079	143455	53.9	34.3
云　南	795	145270	391163	142476	39.3	39.5
西　藏	22	1390	406951	292456	54.1	64.8
陕　西	662	129917	393815	93159	36.2	12.4
甘　肃	293	21420	505340	226707	8.8	4.7
青　海	81	7774	420899	211251	60.2	1.8
宁　夏	113	7519	409115	369288	42.6	33.7
新　疆	256	21818	521326	220858	39.5	19.4

4−42 各地区专业承包建筑业企业资产构成

单位：万元

地 区	资产总计	#流动资产合计	#存货
全国总计	**310291535**	**263384213**	**33394648**
北 京	26444473	22892955	1930210
天 津	15098018	11953954	826003
河 北	6301500	5650622	1202923
山 西	6163972	5342571	598745
内蒙古	1127809	688315	130142
辽 宁	12374919	10276755	1002423
吉 林	3623459	3088451	350444
黑龙江	2128814	1799060	358647
上 海	13732077	12264733	1539848
江 苏	36590806	30974278	4976637
浙 江	23877370	20044328	3658039
安 徽	9470149	7682064	1053514
福 建	9917218	8300725	1171446
江 西	4207019	3145137	628785
山 东	17620531	15089007	2474142
河 南	14278935	11575136	1195174
湖 北	12047105	10611324	1113335
湖 南	7070915	6006367	688874
广 东	46589935	40964705	4005132
广 西	2378518	2011657	295302
海 南	537466	476190	30079
重 庆	8462429	7231655	1261143
四 川	11120836	9114601	1054165
贵 州	2791254	2146992	315894
云 南	5328182	4606954	484373
西 藏	89783	65523	3830
陕 西	6329618	5561474	598164
甘 肃	1935421	1637001	153071
青 海	412144	358792	33720
宁 夏	707518	499129	57339
新 疆	1533345	1323760	203107

4-43　各地区专业承包建筑业企业固定资产情况

单位：万元

地　区	固定资产原价	累计折旧	#本年折旧	在建工程
全国总计	**30331470**	**14264015**	**2064258**	**3783380**
北　京	1657116	879671	106529	157244
天　津	2035475	1049266	104155	142947
河　北	610143	319094	40578	77443
山　西	702075	341388	57838	76772
内蒙古	289839	122692	16700	8612
辽　宁	1484773	854326	73951	454648
吉　林	393106	201936	30773	72318
黑龙江	247023	125481	16557	27221
上　海	1338687	686607	89472	117153
江　苏	3949288	1828938	275520	445524
浙　江	2765539	1276381	184166	210121
安　徽	1106305	455726	73427	145240
福　建	1090373	492808	78271	95759
江　西	512056	248141	41560	55823
山　东	2046077	876901	147464	216444
河　南	1542904	614424	100649	264063
湖　北	1118521	525252	80113	134344
湖　南	784819	366257	57521	80610
广　东	2541294	1037586	194514	239723
广　西	247162	133700	23826	19900
海　南	73916	37191	7706	4050
重　庆	643603	260459	43427	97028
四　川	1103858	535624	64678	432560
贵　州	198769	52073	15357	72501
云　南	683807	395529	55714	60752
西　藏	12289	3232	1091	12673
陕　西	491649	226678	32981	32981
甘　肃	215347	99547	16670	10748
青　海	50491	29361	2311	3803
宁　夏	132677	52884	10755	3011
新　疆	262492	134864	19985	11366

4-44 各地区专业承包建筑业企业负债及所有者权益

单位：万元

地区	负债合计	#流动负债	#应付账款	所有者权益	#实收资本
全国总计	**207248160**	**192936995**	**84303385**	**103043375**	**55316466**
北京	20126695	19162427	8664444	6317778	4279468
天津	9879774	9159557	3967915	5218244	2191186
河北	4110670	3845381	1841537	2190830	1149220
山西	3869419	3741410	1686094	2294553	1569232
内蒙古	567945	549157	225828	559864	166722
辽宁	8173562	6492572	2512620	4201357	2334285
吉林	2183480	2081074	777764	1439979	906345
黑龙江	1205088	1171390	375679	923725	652691
上海	9476095	9118510	4381265	4255982	2024935
江苏	21523841	20589659	10013799	15066965	6745529
浙江	16415142	15905912	6677748	7462228	4046563
安徽	6098642	5377878	2172194	3371508	1465659
福建	5361170	4845450	1821155	4556049	2911112
江西	2632945	2115255	869957	1574074	906142
山东	12582483	12025371	5391336	5038048	3241860
河南	7568246	6795157	2461740	6710689	4147595
湖北	8553261	8086358	4551027	3493845	1761452
湖南	4610273	4348451	1926211	2460641	1419613
广东	32949108	30463111	11969817	13640827	5981592
广西	1801220	1708448	691427	577298	423355
海南	318565	294937	156864	218901	103991
重庆	5955106	5244654	2128169	2507324	1185365
四川	7855495	7168812	3144172	3265341	2002619
贵州	2136428	1802035	484377	654827	302516
云南	3697377	3562302	1713567	1630806	1105943
西藏	41251	38567	15373	48532	31663
陕西	4563058	4369366	2355362	1766560	1188450
甘肃	1231790	1165670	468193	703631	458142
青海	280363	276611	161644	131781	118124
宁夏	333060	318989	141806	374458	155221
新疆	1146612	1112528	554301	386733	339876

4-45 各地区专业承包建筑业企业收入情况

单位：万元

地　区	主营业务收入	主营业务成本	主营业务税金及附加	其他业务收入	其他业务利润
全国总计	**278650237**	**247999187**	**1591819**	**8624799**	**284077**
北　京	20911783	18697344	65278	287736	48946
天　津	10498081	9413845	36853	608874	7258
河　北	3677003	3268456	29417	135005	3924
山　西	4358826	3827943	16754	117425	6019
内蒙古	545723	460382	3756	14806	2582
辽　宁	7402919	6534376	95393	478096	5675
吉　林	2970085	2650497	16064	98602	1579
黑龙江	1590036	1293239	6119	48789	879
上　海	13154282	11684575	38448	268201	8342
江　苏	37526640	33234513	204317	455203	38113
浙　江	24437772	22188857	80644	611326	39189
安　徽	10215892	8983922	73715	276713	9805
福　建	11812961	10513269	109603	302362	3285
江　西	5114287	4638191	42326	135528	2705
山　东	15749766	13849181	92665	737743	12287
河　南	14802794	12983510	168995	253450	7601
湖　北	10827746	9721687	59801	809962	7856
湖　南	8775078	7929369	104791	540551	6166
广　东	38536890	34002778	118829	1134150	38264
广　西	2224373	1963878	8807	51367	1107
海　南	506363	445399	2618	18245	210
重　庆	7680525	6957041	49460	133066	7157
四　川	10552353	9486167	77246	411960	8220
贵　州	1226729	1087720	16242	24843	1781
云　南	4870214	4342855	35175	391529	4882
西　藏	71587	63471	155	45	
陕　西	5265886	4767697	22827	176205	-1481
甘　肃	1258606	1117785	6140	81264	9117
青　海	374437	338997	1735	4823	-21
宁　夏	398216	353312	2424	3771	1673
新　疆	1312388	1198932	5221	13160	959

4-46 各地区专业承包建筑业企业费用情况

单位：万元

地区	管理费用	销售费用	研发费用	财务费用	#利息收入	#利息支出
全国总计	**15409832**	**2423465**	**3017584**	**1690079**	**204501**	**1041231**
北京	1223066	383163	289917	88453	34409	98174
天津	571064	77157	134177	83626	13117	14975
河北	238201	23738	25205	32224	3172	24185
山西	313181	25720	68226	27350	2799	30444
内蒙古	80648	2414	1443	839	223	528
辽宁	618285	63859	71157	76690	4959	23758
吉林	202589	9934	21804	19327	1134	8779
黑龙江	118786	4977	990	3864	-1554	2396
上海	780957	179684	200391	52724	9260	39439
江苏	1777296	274415	305824	198138	18540	121907
浙江	1272672	231385	288352	130708	19616	116324
安徽	548082	160290	90434	40162	9680	22309
福建	610065	82937	57281	49544	3837	23323
江西	284247	32283	23137	24961	2277	12523
山东	1094936	114264	172407	83768	5096	44633
河南	749870	140604	109548	102099	-2071	36011
湖北	505865	77613	133731	57838	7171	39371
湖南	404468	53016	115900	41977	11476	25375
广东	2019580	258641	659704	354672	29771	234909
广西	168188	7452	38012	10009	600	7030
海南	36172	2264	3118	3513	143	1434
重庆	389037	50249	26544	47328	5344	25103
四川	505062	82620	77318	70051	684	38568
贵州	93203	6028	3894	4512	-21	2128
云南	316941	36642	41446	30243	5313	13979
西藏	5452	1372		142	2	20
陕西	254708	28585	45147	37665	3444	19275
甘肃	83841	5926	8504	8076	12969	7143
青海	23418	1043	63	842	197	573
宁夏	34158	1190	1176	773	1888	1675
新疆	85797	4000	2737	7964	1024	4942

4-47 各地区专业承包建筑业企业利润及税金情况

单位：万元

地区	利润总额	#所得税费用	税金总额	主营业务税金及附加	应交增值税
全国总计	**7069520**	**1294318**	**8194480**	**1591819**	**6602661**
北京	176028	28573	452315	65278	387037
天津	275943	52374	289980	36853	253127
河北	101317	18870	111305	29417	81888
山西	137681	18063	118701	16754	101947
内蒙古	1293	3779	19884	3756	16128
辽宁	143704	31413	253493	95393	158100
吉林	52903	16634	117958	16064	101894
黑龙江	16048	5902	46280	6119	40161
上海	247201	56686	301144	38448	262696
江苏	1143154	234299	1136337	204317	932020
浙江	537752	105775	610352	80644	529708
安徽	333555	32856	314697	73715	240982
福建	483355	69313	381940	109603	272336
江西	167380	36475	156224	42326	113898
山东	395797	76544	461233	92665	368567
河南	814497	107879	626386	168995	457390
湖北	370194	59658	346794	59801	286993
湖南	318122	47600	330848	104791	226056
广东	307131	117660	948970	118829	830141
广西	48892	7674	61988	8807	53182
海南	17053	3599	17662	2618	15044
重庆	228887	37172	245136	49460	195676
四川	362861	53252	339077	77246	261831
贵州	35194	7079	54499	16242	38257
云南	121003	19915	167923	35175	132748
西藏	1194	157	3288	155	3133
陕西	148010	27186	168069	22827	145243
甘肃	42197	9963	44711	6140	38571
青海	9283	1513	15097	1735	13362
宁夏	24025	2809	18485	2424	16061
新疆	7867	3647	33705	5221	28484

4-48 各地区专业承包建筑业企业应收工程款及企业亏损情况

地　区	应收工程款（万元）	企业个数（个）	#亏损企业个数	亏损企业的比重（%）
全国总计	**83566937**	**36872**	**7839**	**21.3**
北　京	8036803	1584	433	27.3
天　津	3459504	1514	369	24.4
河　北	1649077	684	144	21.1
山　西	1794119	1329	335	25.2
内蒙古	242812	122	36	29.5
辽　宁	2660723	2573	798	31.0
吉　林	1166381	895	212	23.7
黑龙江	436256	550	190	34.5
上　海	3503642	1065	255	23.9
江　苏	10035091	3847	430	11.2
浙　江	6300060	2281	561	24.6
安　徽	1878408	1445	250	17.3
福　建	2557264	1983	322	16.2
江　西	773903	562	78	13.9
山　东	5846961	2842	623	21.9
河　南	4204823	2758	475	17.2
湖　北	3850150	1219	201	16.5
湖　南	1639812	758	122	16.1
广　东	12424582	3559	754	21.2
广　西	526637	320	108	33.8
海　南	159461	66	18	27.3
重　庆	2412942	1047	190	18.1
四　川	2773678	1354	177	13.1
贵　州	461666	293	83	28.3
云　南	1685861	795	263	33.1
西　藏	24189	22	8	36.4
陕　西	1861850	662	152	23.0
甘　肃	450393	293	92	31.4
青　海	131136	81	31	38.3
宁　夏	158949	113	39	34.5
新　疆	459804	256	90	35.2

4-49 各地区专业承包建筑业企业主要经济效益指标

地 区	产值利润率(%)	产值利税率(%)	资本利润率(%)	资本利税率(%)	人均利润(元/人)	人均利税(元/人)	资产负债率(%)
全国总计	**2.5**	**5.5**	**12.8**	**27.6**	**10291**	**22220**	**66.8**
北 京	1.0	3.6	4.1	14.7	5024	17934	76.1
天 津	3.3	6.9	12.6	25.8	7441	15260	65.4
河 北	2.8	5.8	8.8	18.5	17015	35708	65.2
山 西	3.6	6.7	8.8	16.3	12527	23327	62.8
内 蒙 古	0.3	4.9	0.8	12.7	1064	17424	50.4
辽 宁	2.0	5.5	6.2	17.0	9572	26457	66.0
吉 林	1.8	5.8	5.8	18.9	8423	27203	60.3
黑 龙 江	1.4	5.5	2.5	9.5	5520	21437	56.6
上 海	2.2	4.9	12.2	27.1	13655	30290	69.0
江 苏	3.0	6.0	16.9	33.8	9375	18695	58.8
浙 江	2.2	4.6	13.3	28.4	8958	19124	68.7
安 徽	3.0	5.9	22.8	44.2	13031	25325	64.4
福 建	3.5	6.3	16.6	29.7	11839	21195	54.1
江 西	2.9	5.6	18.5	35.7	16170	31262	62.6
山 东	2.8	6.0	12.2	26.4	14612	31639	71.4
河 南	4.9	8.7	19.6	34.7	22248	39357	53.0
湖 北	3.0	5.9	21.0	40.7	18948	36698	71.0
湖 南	3.4	6.9	22.4	45.7	12337	25168	65.2
广 东	0.8	3.3	5.1	21.0	3697	15118	70.7
广 西	2.0	4.5	11.5	26.2	9849	22336	75.7
海 南	3.4	6.8	16.4	33.4	26682	54318	59.3
重 庆	2.9	5.9	19.3	40.0	7595	15730	70.4
四 川	3.1	6.1	18.1	35.1	11553	22350	70.6
贵 州	2.9	7.4	11.6	29.6	12250	31220	76.5
云 南	2.1	5.1	10.9	26.1	8330	19889	69.4
西 藏	2.1	7.9	3.8	14.2	8590	32243	45.9
陕 西	2.9	6.2	12.5	26.6	11393	24329	72.1
甘 肃	3.9	8.0	9.2	19.0	19700	40573	63.6
青 海	2.8	7.5	7.9	20.6	11941	31360	68.0
宁 夏	7.8	13.8	15.5	27.4	31952	56536	47.1
新 疆	0.7	3.7	2.3	12.2	3606	19054	74.8

4-50 各地区按资质等级划分的专业承包建筑业企业单位数

单位：个

地区	合计	一级	二级	三级及以下
全国总计	**36872**	**7161**	**17275**	**12436**
北京	1584	480	795	309
天津	1514	202	765	547
河北	684	133	255	296
山西	1329	160	576	593
内蒙古	122	20	62	40
辽宁	2573	313	858	1402
吉林	895	73	369	453
黑龙江	550	67	350	133
上海	1065	272	498	295
江苏	3847	715	1704	1428
浙江	2281	556	1225	500
安徽	1445	287	702	456
福建	1983	496	1140	347
江西	562	101	278	183
山东	2842	476	1432	934
河南	2758	590	1411	757
湖北	1219	277	575	367
湖南	758	245	283	230
广东	3559	712	1663	1184
广西	320	51	159	110
海南	66	23	26	17
重庆	1047	177	361	509
四川	1354	215	727	412
贵州	293	35	152	106
云南	795	175	294	326
西藏	22	4	12	6
陕西	662	206	266	190
甘肃	293	37	145	111
青海	81	3	34	44
宁夏	113	16	63	34
新疆	256	44	95	117

4-51 各地区按资质等级划分的专业承包建筑业企业从业人员

单位：人

地 区	合计	一级	二级	三级及以下
全国总计	**5528169**	**2296802**	**1741332**	**1490035**
北 京	153113	82592	47603	22918
天 津	280883	27206	92554	161123
河 北	53602	20891	16104	16607
山 西	96485	25944	24549	45992
内 蒙 古	8556	2225	4520	1811
辽 宁	132318	32413	36265	63640
吉 林	62031	11504	25173	25354
黑 龙 江	26730	4321	17785	4624
上 海	118303	58995	33887	25421
江 苏	765075	353693	233957	177425
浙 江	516431	288962	175479	51990
安 徽	252024	89591	103394	59039
福 建	372818	185464	135241	52113
江 西	88056	33087	37729	17240
山 东	274033	115435	86848	71750
河 南	332664	154907	113083	64674
湖 北	169872	87638	40081	42153
湖 南	238439	88883	79524	70032
广 东	713033	406958	181951	124124
广 西	43283	18115	16666	8502
海 南	6685	2396	3334	955
重 庆	280900	40751	37666	202483
四 川	274046	65511	118779	89756
贵 州	25636	4435	10825	10376
云 南	107433	43033	29463	34937
西 藏	1475	87	928	460
陕 西	88014	40258	20324	27432
甘 肃	18870	5162	6503	7205
青 海	4550	940	1586	2024
宁 夏	6587	1150	3543	1894
新 疆	16224	4255	5988	5981

4−52 各地区按资质等级划分的专业承包企业建筑业总产值

单位：万元

地区	合计	一级	二级	三级及以下
全国总计	**277951145**	**151366724**	**75035272**	**51549148**
北京	17546459	12812218	3724650	1009591
天津	8238216	2725445	2719770	2793001
河北	3672379	1661895	1113207	897277
山西	3833995	1441576	1213221	1179198
内蒙古	436500	100035	248985	87481
辽宁	7166762	2801773	1985702	2379287
吉林	2956938	791170	1254379	911389
黑龙江	1138186	237864	694315	206007
上海	11159075	7200456	2351682	1606937
江苏	38078897	22825306	8836491	6417100
浙江	24965699	15551243	6576676	2837780
安徽	11039097	5172199	3700150	2166748
福建	13750183	7440774	4468175	1841235
江西	5786046	3045625	1900113	840307
山东	14386387	7097891	4612477	2676019
河南	16650233	7757106	5521587	3371540
湖北	12167352	8417713	2228419	1521220
湖南	9370924	5022077	2355309	1993538
广东	38146842	23877530	8419549	5849764
广西	2468784	1251977	752011	464796
海南	507771	224273	186347	97152
重庆	7973895	2708289	1706874	3558732
四川	11596547	4334049	4730001	2532497
贵州	1203973	234569	566312	403092
云南	5682428	3040096	1075993	1566339
西藏	56566	9650	31857	15060
陕西	5116323	2683056	1067217	1366050
甘肃	1082439	348268	354602	379570
青海	327207	124954	99361	102892
宁夏	307614	75903	130754	100957
新疆	1137430	351747	409089	376594

4-53 各地区按资质等级划分的专业承包建筑业企业签订合同额

单位：万元

地区	合计	一级	二级	三级及以下
全国总计	**422555720**	**241149538**	**111462994**	**69943188**
北京	23849867	17795652	4602152	1452063
天津	14005782	6880545	3915224	3210014
河北	5195035	2584299	1349565	1261171
山西	5597867	2466188	1721525	1410154
内蒙古	675785	161207	384071	130507
辽宁	11433966	5445326	2732228	3256412
吉林	5791425	2310519	2233551	1247355
黑龙江	2050807	403253	1322568	324986
上海	16514723	11388611	3108474	2017638
江苏	51596223	34005853	10098535	7491834
浙江	36607459	21382067	11525431	3699961
安徽	14882674	6221254	5213388	3448032
福建	21121542	11042588	7259037	2819916
江西	8154378	4478338	2512919	1163121
山东	21468357	11067260	6630789	3770309
河南	21497047	9851006	6723591	4922450
湖北	19760748	14660059	3039708	2060981
湖南	14437642	9138552	3028767	2270324
广东	69180310	43166997	17290012	8723302
广西	3906277	1867641	1290964	747672
海南	914909	416063	295705	203141
重庆	10660987	3984836	2464192	4211959
四川	20272864	9571026	7023245	3678593
贵州	2290222	389762	1222685	677776
云南	8294866	4897008	1481381	1916477
西藏	75726	11433	38463	25830
陕西	8296486	4268547	1499328	2528611
甘肃	1683560	543425	596110	544026
青海	406917	137099	143232	126587
宁夏	440611	127937	175601	137072
新疆	1490659	485189	540553	464917

4-54 各地区按资质等级划分的专业承包建筑业企业竣工产值

单位：万元

地区	合计	一级	二级	三级及以下
全国总计	**117343412**	**62490904**	**32865351**	**21987158**
北京	8644067	6146297	2028693	469078
天津	2558323	1200262	719904	638156
河北	1490037	681574	368720	439743
山西	1514516	466717	520960	526838
内蒙古	205036	27943	142992	34101
辽宁	2709657	1012452	804940	892265
吉林	1565173	386881	601878	576414
黑龙江	444157	65960	283697	94501
上海	5807061	3524207	1453429	829426
江苏	25723914	16065895	5606038	4051981
浙江	11315055	6588649	3429575	1296831
安徽	3456891	1362352	1341881	752658
福建	4751448	2373895	1625093	752460
江西	2385609	1022121	968676	394811
山东	6187656	3028010	1983725	1175922
河南	7016244	3339538	2393372	1283333
湖北	4429117	2718793	778446	931878
湖南	4928013	2374297	1302906	1250810
广东	9704980	5669065	2242998	1792916
广西	597855	279494	182865	135497
海南	122012	87090	16058	18865
重庆	2794557	802674	800290	1191594
四川	3849841	1038975	1798468	1012397
贵州	412133	116323	176801	119010
云南	2069751	954795	396552	718404
西藏	40651	8471	28108	4072
陕西	1210290	687880	307978	214432
甘肃	485606	180746	153240	151620
青海	164226	102194	35597	26435
宁夏	277668	15469	193752	68447
新疆	481868	161883	177719	142266

4-55 各地区按资质等级划分的专业承包建筑业企业房屋施工面积

单位：万平方米

地区	合计	一级	二级	三级及以下
全国总计	**32634**	**13205**	**12223**	**7206**
北京	396	304	53	39
天津	1059	178	389	492
河北	348	84	143	120
山西	311	1	193	117
内蒙古	1		0	1
辽宁	346	20	115	212
吉林	906	668	141	97
黑龙江	155	0	136	19
上海	348	258	78	11
江苏	2580	788	1218	575
浙江	5171	2781	2176	215
安徽	1518	349	635	534
福建	2231	1130	625	476
江西	786	242	450	95
山东	3977	2494	1126	357
河南	1424	391	481	553
湖北	2320	1526	307	486
湖南	827	363	250	213
广东	3435	486	2472	476
广西	189	70	73	47
海南	7		7	
重庆	1517	73	185	1260
四川	1395	301	557	536
贵州	155	78	53	24
云南	571	317	196	58
西藏	8		5	2
陕西	471	273	64	133
甘肃	19		3	16
青海	47		47	0
宁夏	32		29	3
新疆	86	29	17	40

4-56 各地区按资质等级划分的专业承包建筑业企业房屋竣工面积

单位：万平方米

地　区	合计	一级	二级	三级及以下
全国总计	**14866**	**5210**	**5847**	**3810**
北　京	127	94	9	24
天　津	274	121	59	94
河　北	157	32	59	66
山　西	213	1	118	94
内蒙古	1		0	1
辽　宁	176	5	41	131
吉　林	367	84	147	137
黑龙江	37		26	10
上　海	92	79	11	2
江　苏	764	175	359	230
浙　江	2157	920	1142	95
安　徽	835	266	271	298
福　建	961	381	549	32
江　西	524	129	293	102
山　东	2162	1102	855	205
河　南	688	218	340	130
湖　北	771	362	193	217
湖　南	508	151	124	233
广　东	1065	317	531	218
广　西	82	39	20	22
海　南	5	1	4	
重　庆	1203	38	90	1074
四　川	776	191	371	214
贵　州	98	40	17	41
云　南	573	400	135	38
西　藏	9	2	7	0
陕　西	161	41	35	86
甘　肃	10	0	3	7
青　海	1		1	1
宁　夏	25		23	3
新　疆	42	20	16	7

4-57 各地区按资质等级划分的专业承包建筑业企业实收资本

单位：万元

地区	合计	一级	二级	三级及以下
全国总计	**55316466**	**25316204**	**17983007**	**12017254**
北京	4279468	2740510	1099985	438973
天津	2191186	1149282	573792	468112
河北	1149220	432378	358565	358278
山西	1569232	435721	577945	555567
内蒙古	166722	46629	79899	40195
辽宁	2334285	798154	660999	875132
吉林	906345	208226	325676	372443
黑龙江	652691	176032	362939	113721
上海	2024935	1033999	629266	361670
江苏	6745529	2844290	2256519	1644720
浙江	4046563	2255385	1201439	589739
安徽	1465659	553345	573354	338959
福建	2911112	1454052	1013655	443405
江西	906142	382406	391740	131997
山东	3241860	1110793	1264287	866780
河南	4147595	1964709	1435987	746899
湖北	1761452	848377	605125	307950
湖南	1419613	779848	360971	278795
广东	5981592	3174447	1544282	1262864
广西	423355	169131	148573	105651
海南	103991	45936	43078	14977
重庆	1185365	518427	321646	345293
四川	2002619	797999	840191	364430
贵州	302516	53608	157013	91896
云南	1105943	438880	317761	349302
西藏	31663	2440	17627	11597
陕西	1188450	584088	387124	217238
甘肃	458142	187669	159414	111059
青海	118124	7577	60808	49738
宁夏	155221	35686	79138	40397
新疆	339876	86182	134213	119481

4−58 各地区按资质等级划分的专业承包建筑业企业资产

单位：万元

地　区	合计	一级	二级	三级及以下
全国总计	**310291535**	**165563126**	**88319176**	**56409234**
北　京	26444473	18176898	6779803	1487772
天　津	15098018	8504713	3287424	3305880
河　北	6301500	2275699	2769358	1256443
山　西	6163972	2432017	1930844	1801111
内蒙古	1127809	457564	463183	207062
辽　宁	12374919	4213929	4475509	3685481
吉　林	3623459	972602	1285248	1365609
黑龙江	2128814	672986	1111587	344241
上　海	13732077	8470494	3273256	1988326
江　苏	36590806	20641710	8741679	7207417
浙　江	23877370	14875620	5813852	3187899
安　徽	9470149	4236128	3124551	2109470
福　建	9917218	5164115	3058880	1694223
江　西	4207019	1551042	1906794	749183
山　东	17620531	7627675	6107573	3885284
河　南	14278935	7274837	4672611	2331487
湖　北	12047105	8142866	2492935	1411305
湖　南	7070915	3820685	2012358	1237872
广　东	46589935	27739200	11413442	7437293
广　西	2378518	1136200	708865	533454
海　南	537466	205342	197361	134763
重　庆	8462429	3370741	2598673	2493016
四　川	11120836	5563812	3950086	1606938
贵　州	2791254	299392	1754128	737735
云　南	5328182	2844740	1148801	1334641
西　藏	89783	15965	45433	28385
陕　西	6329618	3365752	1455536	1508330
甘　肃	1935421	842556	598731	494134
青　海	412144	83198	159899	169047
宁　夏	707518	120133	443430	143955
新　疆	1533345	464517	537345	531482

4-59 各地区按资质等级划分的专业承包建筑业企业所有者权益

单位：万元

地　区	合计	一级	二级	三级及以下
全国总计	**103043375**	**52232587**	**30421755**	**20389034**
北　京	6317778	4520363	1225503	571913
天　津	5218244	3487527	941400	789318
河　北	2190830	646290	1041012	503529
山　西	2294553	871372	699156	724025
内蒙古	559864	284624	196641	78600
辽　宁	4201357	1516520	1157188	1527650
吉　林	1439979	332226	548851	558902
黑龙江	923725	211645	564571	147509
上　海	4255982	2229594	1236957	789431
江　苏	15066965	7781375	4161177	3124413
浙　江	7462228	4627323	1793506	1041398
安　徽	3371508	1358694	1231945	780869
福　建	4556049	2427225	1374151	754673
江　西	1574074	644892	699041	230141
山　东	5038048	1974931	1821247	1241870
河　南	6710689	3397587	2224937	1088165
湖　北	3493845	1940545	1012870	540429
湖　南	2460641	1270675	714050	475916
广　东	13640827	8039717	3166967	2434144
广　西	577298	231185	191896	154217
海　南	218901	88248	97485	33168
重　庆	2507324	860353	945931	701040
四　川	3265341	1339822	1309863	615656
贵　州	654827	76992	389208	188627
云　南	1630806	719113	404651	507043
西　藏	48532	5504	25730	17298
陕　西	1766560	895835	520714	350012
甘　肃	703631	296328	254496	152806
青　海	131781	5190	69019	57572
宁　夏	374458	48771	274158	51529
新　疆	386733	102122	127437	157173

4-60 各地区按资质等级划分的专业承包建筑业企业负债

单位：万元

地区	合计	一级	二级	三级及以下
全国总计	**207248160**	**113330539**	**57897421**	**36020200**
北京	20126695	13656536	5554301	915859
天津	9879774	5017187	2346025	2516563
河北	4110670	1629409	1728346	752915
山西	3869419	1560645	1231689	1077085
内蒙古	567945	172941	266543	128462
辽宁	8173562	2697410	3318321	2157831
吉林	2183480	640377	736397	806707
黑龙江	1205088	461341	547016	196732
上海	9476095	6240900	2036299	1198896
江苏	21523841	12860334	4580502	4083004
浙江	16415142	10248296	4020346	2146500
安徽	6098642	2877434	1892607	1328602
福建	5361170	2736890	1684730	939551
江西	2632945	906150	1207754	519041
山东	12582483	5652743	4286325	2643414
河南	7568246	3877250	2447674	1243322
湖北	8553261	6202321	1480064	870875
湖南	4610273	2550010	1298308	761956
广东	32949108	19699484	8246476	5003149
广西	1801220	905015	516968	379237
海南	318565	117094	99876	101594
重庆	5955106	2510388	1652742	1791975
四川	7855495	4223990	2640223	991282
贵州	2136428	222399	1364920	549108
云南	3697377	2125627	744151	827599
西藏	41251	10461	19703	11087
陕西	4563058	2469917	934823	1158318
甘肃	1231790	546228	344235	341327
青海	280363	78008	90881	111475
宁夏	333060	71362	169272	92426
新疆	1146612	362395	409908	374309

4-61 各地区按资质等级划分的专业承包建筑业企业营业收入

单位：万元

地区	合计	一级	二级	三级及以下
全国总计	**287275036**	**153998415**	**78328449**	**54948172**
北京	21199519	14653981	5063926	1481611
天津	11106955	4471891	3295997	3339067
河北	3812008	1740994	1105935	965079
山西	4476251	1669780	1447227	1359244
内蒙古	560529	151109	300666	108754
辽宁	7881015	2879430	2275973	2725612
吉林	3068687	831635	1233122	1003930
黑龙江	1638825	298393	1077714	262717
上海	13422483	8338904	2882504	2201075
江苏	37981843	22073095	8918947	6989801
浙江	25049098	14978893	6940447	3129758
安徽	10492604	4505466	3635496	2351642
福建	12115322	6666298	3815060	1633965
江西	5249815	2675277	1714758	859780
山东	16487509	7694950	5426452	3366107
河南	15056244	6690873	5299160	3066211
湖北	11637708	7750225	2250822	1636661
湖南	9315629	4936815	2452532	1926282
广东	39671040	24521071	9008245	6141724
广西	2275740	1160608	627633	487499
海南	524608	257110	180055	87443
重庆	7813590	2811684	1647805	3354101
四川	10964313	5033782	3672429	2258103
贵州	1251572	225724	501714	524134
云南	5261743	2803517	1117607	1340619
西藏	71632	12251	36746	22635
陕西	5442090	3094153	1168293	1179644
甘肃	1339870	483003	408242	448626
青海	379260	127786	136818	114656
宁夏	401987	89516	194835	117636
新疆	1325548	370202	491288	464058

4-62　各地区按资质等级划分的专业承包建筑业企业利税总额

单位：万元

地　区	合计	一级	二级	三级及以下
全国总计	**15264000**	**6541371**	**5156857**	**3565773**
北　京	628343	374727	198980	54635
天　津	565923	239512	147438	178973
河　北	212622	101095	71976	39551
山　西	256382	108007	70113	78263
内蒙古	21177	3229	9816	8133
辽　宁	397197	128829	93749	174620
吉　林	170860	21113	70453	79295
黑龙江	62328	12652	33682	15995
上　海	548346	248603	169601	130141
江　苏	2279491	986349	763575	529568
浙　江	1148104	578921	360421	208762
安　徽	648252	270429	224805	153018
福　建	865294	508058	256385	100851
江　西	323604	97111	183651	42842
山　东	857029	392386	273818	190825
河　南	1440883	556956	570439	313488
湖　北	716988	418875	182243	115870
湖　南	648970	259382	216009	173579
广　东	1256100	335793	614236	306071
广　西	110881	62611	18750	29520
海　南	34715	20269	10532	3914
重　庆	474023	147498	139050	187475
四　川	701938	249075	256266	196596
贵　州	89693	16870	33047	39776
云　南	288926	150553	57950	80423
西　藏	4482	178	2597	1707
陕　西	316080	185642	55762	74675
甘　肃	86908	46805	19168	20935
青　海	24380	7721	9211	7448
宁　夏	42509	5579	29201	7730
新　疆	41572	6544	13933	21096

4-63 各地区按资质等级划分的专业承包建筑业企业利润总额

单位：万元

地区	合计	一级	二级	三级及以下
全国总计	**7069520**	**2632666**	**2738209**	**1698645**
北京	176028	81017	76852	18159
天津	275943	158561	47296	70086
河北	101317	53663	33803	13850
山西	137681	68067	35234	34380
内蒙古	1293	-2204	152	3346
辽宁	143704	60751	41292	41661
吉林	52903	-20223	27391	45735
黑龙江	16048	2367	5670	8012
上海	247201	82600	85147	79454
江苏	1143154	384458	447662	311035
浙江	537752	247159	168655	121938
安徽	333555	130060	120618	82877
福建	483355	297010	138050	48295
江西	167380	47038	101032	19310
山东	395797	188915	130562	76320
河南	814497	306012	359782	148704
湖北	370194	210582	98260	61353
湖南	318122	131175	120772	66176
广东	307131	-232803	399239	140694
广西	48892	36470	2826	9596
海南	17053	11002	4924	1126
重庆	228887	66491	79284	83112
四川	362861	119550	130227	113084
贵州	35194	4797	10810	19587
云南	121003	77775	20695	22533
西藏	1194	-70	1548	-283
陕西	148010	94660	20500	32850
甘肃	42197	27703	6075	8418
青海	9283	2381	3841	3060
宁夏	24025	1964	18691	3370
新疆	7867	-4262	1320	10809

4-64 各地区按资质等级划分的专业承包建筑业企业税金总额

单位：万元

地区	合计	一级	二级	三级及以下
全国总计	**8194480**	**3908705**	**2418647**	**1867128**
北京	452315	293710	122129	36477
天津	289980	80951	100142	108887
河北	111305	47432	38173	25700
山西	118701	39939	34879	43882
内蒙古	19884	5433	9664	4787
辽宁	253493	68078	52457	132959
吉林	117958	41336	43062	33560
黑龙江	46280	10285	28013	7983
上海	301144	166003	84454	50687
江苏	1136337	601891	315913	218533
浙江	610352	331762	191767	86824
安徽	314697	140369	104187	70141
福建	381940	211049	118335	52556
江西	156224	50073	82619	23531
山东	461233	203471	143256	114506
河南	626386	250945	210657	164784
湖北	346794	208293	83984	54517
湖南	330848	128207	95238	107403
广东	948970	568596	214997	165377
广西	61988	26141	15923	19924
海南	17662	9267	5607	2788
重庆	245136	81007	59766	104363
四川	339077	129526	126039	83512
贵州	54499	12073	22237	20189
云南	167923	72778	37255	57890
西藏	3288	248	1049	1991
陕西	168069	90983	35262	41825
甘肃	44711	19102	13093	12517
青海	15097	5339	5369	4388
宁夏	18485	3615	10510	4361
新疆	33705	10806	12613	10287

4-65 各地区按资质等级划分的专业承包建筑业企业主营业务收入

单位：万元

地区	合计	一级	二级	三级及以下
全国总计	**278650237**	**150224074**	**75401601**	**53024562**
北京	20911783	14475145	4990638	1446000
天津	10498081	4409353	3050054	3038674
河北	3677003	1685696	1077534	913774
山西	4358826	1614673	1417232	1326921
内蒙古	545723	151060	288146	106518
辽宁	7402919	2753963	2097398	2551558
吉林	2970085	828637	1186119	955329
黑龙江	1590036	288355	1050991	250690
上海	13154282	8265078	2756846	2132358
江苏	37526640	21863971	8782023	6880646
浙江	24437772	14645731	6808509	2983532
安徽	10215892	4467730	3445852	2302310
福建	11812961	6543109	3663263	1606589
江西	5114287	2641094	1627550	845644
山东	15749766	7535350	5026827	3187589
河南	14802794	6609439	5163034	3030322
湖北	10827746	7020972	2203667	1603108
湖南	8775078	4672441	2192310	1910327
广东	38536890	23761538	8760023	6015330
广西	2224373	1155666	618139	450568
海南	506363	242007	179147	85210
重庆	7680525	2782516	1582006	3316002
四川	10552353	4899508	3467914	2184932
贵州	1226729	220087	497290	509353
云南	4870214	2540021	1071007	1259186
西藏	71587	12251	36746	22590
陕西	5265886	3079988	1156463	1029435
甘肃	1258606	476037	394672	387896
青海	374437	124709	135128	114600
宁夏	398216	89317	192377	116522
新疆	1312388	368636	482698	461054

4-66 各地区按资质等级划分的专业承包建筑业企业管理费用

单位：万元

地区	合计	一级	二级	三级及以下
全国总计	**15409832**	**6526453**	**5106272**	**3777108**
北京	1223066	667310	421553	134203
天津	571064	154407	203025	213633
河北	238201	76327	94846	67028
山西	313181	94830	110380	107972
内蒙古	80648	15587	50951	14110
辽宁	618285	189076	182556	246654
吉林	202589	53457	71910	77222
黑龙江	118786	16637	81772	20377
上海	780957	386358	229391	165208
江苏	1777296	824035	506536	446724
浙江	1272672	634916	399606	238150
安徽	548082	171246	232013	144822
福建	610065	291347	220906	97813
江西	284247	120796	87377	76074
山东	1094936	375433	384129	335375
河南	749870	310630	313160	126080
湖北	505865	299302	129372	77192
湖南	404468	176026	129825	98617
广东	2019580	905006	614485	500089
广西	168188	72376	53243	42570
海南	36172	15411	11036	9725
重庆	389037	146935	103963	138139
四川	505062	197875	204461	102726
贵州	93203	16961	28502	47740
云南	316941	123195	83396	110350
西藏	5452	1552	3379	522
陕西	254708	130154	69081	55473
甘肃	83841	26344	26593	30904
青海	23418	3080	7447	12891
宁夏	34158	7111	17759	9288
新疆	85797	22734	33620	29442

4-67　各地区按资质等级划分的专业承包建筑业企业财务费用

单位：万元

地　区	合计	一级	二级	三级及以下
全国总计	**1690079**	**917490**	**461364**	**311225**
北　京	88453	72800	12332	3322
天　津	83626	56690	13166	13770
河　北	32224	8453	17896	5875
山　西	27350	7603	12568	7178
内蒙古	839	291	460	88
辽　宁	76690	26082	12621	37987
吉　林	19327	5342	6593	7392
黑龙江	3864	1587	1886	391
上　海	52724	31885	13589	7249
江　苏	198138	105498	62615	30026
浙　江	130708	89616	31516	9576
安　徽	40162	12804	18184	9174
福　建	49544	26923	15283	7338
江　西	24961	7192	11423	6346
山　东	83768	25964	39053	18752
河　南	102099	34043	42427	25629
湖　北	57838	45455	6971	5412
湖　南	41977	21199	4897	15881
广　东	354672	236575	68942	49154
广　西	10009	4473	2062	3475
海　南	3513	2442	946	125
重　庆	47328	20506	15916	10905
四　川	70051	29165	30499	10387
贵　州	4512	542	2687	1283
云　南	30243	13630	8233	8380
西　藏	142	23	75	43
陕　西	37665	23097	4473	10095
甘　肃	8076	4144	1745	2187
青　海	842	374	287	182
宁　夏	773	289	-130	614
新　疆	7964	2807	2149	3008

4-68 各地区按资质等级划分的专业承包建筑业企业应收工程款

单位：万元

地区	合计	一级	二级	三级及以下
全国总计	**83566937**	**48586421**	**20697956**	**14282560**
北京	8036803	5487154	2142620	407029
天津	3459504	1936374	713479	809651
河北	1649077	722214	532681	394182
山西	1794119	679060	564803	550255
内蒙古	242812	74401	124392	44019
辽宁	2660723	1241470	554678	864575
吉林	1166381	321929	430716	413737
黑龙江	436256	96471	247399	92386
上海	3503642	2264170	724873	514598
江苏	10035091	5556060	2388739	2090292
浙江	6300060	4289069	1402408	608583
安徽	1878408	897700	559908	420800
福建	2557264	1568100	676077	313087
江西	773903	437084	200373	136446
山东	5846961	3021408	1703179	1122374
河南	4204823	2475533	1211279	518011
湖北	3850150	2749010	730087	371053
湖南	1639812	954187	353800	331824
广东	12424582	8547078	2331093	1546411
广西	526637	244034	163372	119231
海南	159461	49594	80350	29517
重庆	2412942	1079672	582455	750815
四川	2773678	1428123	875461	470095
贵州	461666	74566	171809	215290
云南	1685861	1034409	315256	336197
西藏	24189	10501	-3480	17169
陕西	1861850	1041904	482345	337601
甘肃	450393	122411	154771	173211
青海	131136	24742	28062	78333
宁夏	158949	45394	69383	44172
新疆	459804	112600	185589	161615

五、各行业建筑业企业

5-1 各行业建筑业企业签订合同情况

单位：万元

行业	签订合同额	上年结转合同额	本年新签合同额
总计	**6568864943**	**3123272992**	**3445591951**
房屋建筑业	3858134225	1828708926	2029425299
土木工程建筑业	2235588163	1132977444	1102610719
铁路、道路、隧道和桥梁工程建筑	1577391963	819410708	757981255
水利和水运工程建筑	291565361	155910743	135654618
海洋工程建筑	4246938	1652451	2594487
工矿工程建筑	79445937	34568862	44877075
架线和管道工程建筑	111140274	42926047	68214227
建筑安装业	257101720	88847583	168254136
建筑装饰、装修和其他建筑业	218040835	72739038	145301797

5-2 各行业建筑业企业承包工程完成情况

单位：万元

行业	直接从建设单位承揽工程完成的产值	自行完成施工产值	分包出去工程的产值	从建设单位以外承揽工程完成的产值
总计	**2859601885**	**2736150357**	**123451527**	**194632661**
房屋建筑业	1772043174	1724135585	47907589	75207871
土木工程建筑业	816800031	752220834	64579198	83805648
铁路、道路、隧道和桥梁工程建筑	552913747	508143030	44770717	63332711
水利和内河港口工程建筑	97660333	89397102	8263231	6226134
海洋工程建	1400134	893664	506470	100238
工矿工程建筑	33419488	30878636	2540852	2440127
架线和管道工程建筑	58678522	53778116	4900406	3919619
建筑安装业	140782638	133603010	7179628	18568838
建筑装饰、装修和其他建筑业	129976042	126190929	3785113	17050304

5-3 各行业建筑业总产值和竣工产值

单位：万元

行业	建筑业总产值	#装饰装修产值	#在外省完成的产值
总计	**2930783019**	**124123865**	**1007112507**
房屋建筑业	1799343456	50685698	563309699
土木工程建筑业	836026482	4258822	348253041
铁路、道路、隧道和桥梁工程建筑	571475741	3056990	243125511
水利和水运工程建筑	95623236	161387	41989416
海洋工程建筑	993902	3477	256315
工矿工程建筑	33318763	188326	19645292
架线和管道工程建筑	57697735	203386	15431797
建筑安装业	152171848	2776879	53455925
建筑装饰、装修和其他建筑业	143241233	66402467	42093842

5-3 续表

单位：万元

行业	按构成分组			竣工产值
	建筑工程产值	安装工程产值	其他产值	
总计	**2592040866**	**244777395**	**93964757**	**1345232296**
房屋建筑业	1669825254	82925424	46592778	955338902
土木工程建筑业	738902819	65177821	31945842	260266879
铁路、道路、隧道和桥梁工程建筑	541574393	11129240	18772108	164304502
水利和水运工程建筑	89707261	2265404	3650571	27287618
海洋工程建筑	596187	157358	240357	863208
工矿工程建筑	22094217	9004029	2220517	13564770
架线和管道工程建筑	27826981	27693119	2177635	26103224
建筑安装业	64064271	81425732	6681845	68002221
建筑装饰、装修和其他建筑业	119248522	15248418	8744293	61624296

5-4 各行业建筑业企业房屋建筑面积

行业	房屋施工面积(万平方米)	#本年新开工	房屋竣工面积(万平方米)	房屋竣工率(%)
总计	**1575464**	**492107**	**408028**	**25.9**
房屋建筑业	1460494	450488	376628	25.8
土木工程建筑业	86984	30457	20162	23.2
铁路、道路、隧道和桥梁工程建筑	55667	20931	12740	22.9
水利和水运工程建筑	7818	2181	1440	18.4
海洋工程建筑	2	0	1	63.9
工矿工程建筑	4123	1200	885	21.5
架线和管道工程建筑	835	337	408	48.9
建筑安装业	16998	6574	6398	37.6
建筑装饰、装修和其他建筑业	10988	4588	4839	44.0

5-5 按主要用途分的各行业建筑业企业房屋竣工面积

单位：万平方米

行业	合计	住宅房屋	商业及服务用房屋	办公用房屋	科研、教育和医疗用房屋
总计	**408028**	**270382**	**25260**	**16654**	**20902**
房屋建筑业	376628	253473	22888	15293	19041
土木工程建筑业	20162	10917	1419	891	1466
铁路、道路、隧道和桥梁工程建筑	12740	6376	1002	721	1005
水利和水运工程建筑	1440	864	99	57	113
海洋工程建筑	1	0			
工矿工程建筑	885	328	95	20	35
架线和管道工程建筑	408	69	8	4	78
建筑安装业	6398	3011	464	266	183
建筑装饰、装修和其他建筑业	4839	2981	489	205	213

5-5 续表 单位：万平方米

行业	文化、体育和娱乐用房屋	厂房及建筑物	仓库	其他未列明的房屋建筑物
总计	**4120**	**56397**	**2760**	**11554**
房屋建筑业	3810	49376	2450	10297
土木工程建筑业	199	4247	218	807
铁路、道路、隧道和桥梁工程建筑	143	2722	158	614
水利和水运工程建筑	24	218	24	41
海洋工程建筑		1		
工矿工程建筑	14	354	17	21
架线和管道工程建筑	1	219	2	26
建筑安装业	60	2135	74	207
建筑装饰、装修和其他建筑业	51	639	18	242

5-6 按主要用途分的各行业建筑业企业房屋竣工价值

单位：万元

行业	合计	住宅房屋	商业及服务用房屋	办公用房屋	科研、教育和医疗用房屋
总计	**794145698**	**505197784**	**54811692**	**38356446**	**54779584**
房屋建筑业	742774851	480793550	50828424	34867399	50799193
土木工程建筑业	38526025	18104671	3005891	2709167	3399948
铁路、道路、隧道和桥梁工程建筑	25872321	12208380	2238679	2450724	2110855
水利和内河港口工程建筑	2855923	1542696	178072	57145	381184
海洋工程建筑	1976	400			
工矿工程建筑	1952702	535005	151998	46186	104678
架线和管道工程建筑	1534718	141029	15153	10223	160527
建筑安装业	7841616	3699096	560823	517035	293540
建筑装饰、装修和其他建筑业	5003206	2600466	416555	262845	286903

5-6 续表

单位：万元

行　　业	文化、体育和娱乐用房屋	厂房及建筑物	仓　库	其他未列明的房屋建筑物
总　　计	**13739214**	**95246312**	**5532519**	**26482148**
房屋建筑业	13014415	83534677	4992203	23940989
土木工程建筑业	577516	8420079	419693	1893060
铁路、道路、隧道和桥梁工程建筑	495059	4712383	268837	1391405
水利和内河港口工程建筑	22715	417153	84971	171988
海洋工程建筑		1576		
工矿工程建筑	24267	989153	45483	55932
架线和管道工程建筑	1660	1148909	3629	53587
建筑安装业	98207	2314870	102169	255876
建筑装饰、装修和其他建筑业	49075	976686	18454	392222

5-7　各行业建筑业企业主要生产效益指标

行　　业	建筑业企业个数（个）	从事建筑业活动的平均人数（人）	按总产值计算的劳动生产率（元/人）	人均竣工产值（元/人）	人均施工面积（平方米/人）	人均竣工面积（平方米/人）
总　　计	**128743**	**61939287**	**473170**	**217186**	**254.4**	**65.9**
房屋建筑业	61200	41307854	435594	231273	353.6	91.2
土木工程建筑业	35539	13971177	598394	186288	62.3	14.4
铁路、道路、隧道和桥梁工程建筑	21532	9383974	608991	175091	59.3	13.6
水利和水运工程建筑	3541	1385633	690105	196933	56.4	10.4
海洋工程建筑	43	9195	1080916	938780	1.8	1.2
工矿工程建筑	947	646345	515495	209869	63.8	13.7
架线和管道工程建筑	3577	1121820	514323	232686	7.4	3.6
建筑安装业	13769	3130591	486080	217218	54.3	20.4
建筑装饰、装修和其他建筑业	18235	3529665	405821	174590	31.1	13.7

5-8 各行业建筑业企业资产构成

单位：万元

行业	资产总计	#流动资产合计	#存货
总计	**3112957632**	**2444350548**	**326909161**
房屋建筑业	1528832345	1252675970	192393199
土木工程建筑业	1262905176	914783195	99618747
铁路、道路、隧道和桥梁工程建筑	809749985	600173054	59299635
水利和水运工程建筑	178321134	113347446	15366906
海洋工程建筑	4629031	2425599	82318
工矿工程建筑	49034462	40232845	3568465
架线和管道工程建筑	73701308	62466340	9737493
建筑安装业	167303299	142831451	19883735
建筑装饰、装修和其他建筑业	153916812	134059931	15013480

5-9 各行业建筑业企业固定资产情况

单位：万元

行业	固定资产原价	累计折旧	#本年折旧	在建工程
总计	**219417589**	**105358859**	**13575169**	**35836241**
房屋建筑业	86447994	37850883	5237845	18337242
土木工程建筑业	105812649	54612136	6549574	14716538
铁路、道路、隧道和桥梁工程建筑	60661355	32377005	4068387	10281877
水利和水运工程建筑	18988507	8650077	936169	2023197
海洋工程建筑	1367832	667973	65679	94535
工矿工程建筑	6250805	3458216	385027	210420
架线和管道工程建筑	9490890	5152881	507088	722754
建筑安装业	15369123	7534060	955638	1545220
建筑装饰、装修和其他建筑业	11787824	5361781	832112	1237242

5-10 各行业建筑业企业负债及所有者权益

单位：万元

行业	负债合计	#流动负债	#应付账款	所有者权益	#实收资本
总计	**2207672526**	**2001265150**	**815262134**	**905285107**	**445925876**
房屋建筑业	1084470011	988707794	397649819	444362334	223897051
土木工程建筑业	902237031	804139131	326073499	360668145	167835557
铁路、道路、隧道和桥梁工程建筑	593302975	531718594	213940901	216447010	107913579
水利和水运工程建筑	122198120	101205718	42360830	56123014	22354714
海洋工程建筑	2198356	2051441	1263749	2430675	740781
工矿工程建筑	36260350	34484235	14437383	12774112	7444917
架线和管道工程建筑	52229699	49201590	20457975	21471609	11243204
建筑安装业	114670176	109189097	49675085	52633124	28056943
建筑装饰、装修和其他建筑业	106295308	99229128	41863731	47621504	26136326

5-11 各行业建筑业企业收入情况

单位：万元

行业	主营业务收入	主营业务成本	主营业务税金及附加	其他业务收入	其他业务利润
总计	**2624538107**	**2413911413**	**15431329**	**54419262**	**2398214**
房屋建筑业	1494512039	1385938421	10182515	28984156	977065
土木工程建筑业	830783094	759432830	3675153	17711911	1064190
铁路、道路、隧道和桥梁工程建筑	538857009	495965651	2211394	9658639	689382
水利和水运工程建筑	101537490	91183550	513592	1891444	115922
海洋工程建筑	2326411	2076162	6743	17034	331
工矿工程建筑	37884934	34857836	155591	1415880	48559
架线和管道工程建筑	63482991	57316460	276652	2758987	103636
建筑安装业	158742557	142625484	861177	4369748	249750
建筑装饰、装修和其他建筑业	140500417	125914677	712485	3353447	107209

5-12 各行业建筑业企业费用情况

单位：万元

行业	管理费用	销售费用	研发费用	财务费用	#利息收入	#利息支出
总计	**78663464**	**7562527**	**30040985**	**16501222**	**6157038**	**15316009**
房屋建筑业	36253904	3168882	13197099	9089796	2819307	7767868
土木工程建筑业	27201471	2090454	13423181	5822389	3027277	6422435
铁路、道路、隧道和桥梁工程建筑	14123458	1145669	8654643	3550843	2209798	4012860
水利和水运工程建筑	3732126	215661	2172153	818847	449985	1041021
海洋工程建筑	52028	1779	77745	22142	4999	9306
工矿工程建筑	1476255	68503	565797	247773	102360	240888
架线和管道工程建筑	3918467	269432	695910	143594	92396	176551
建筑安装业	8066121	1079925	1950572	613399	235113	513089
建筑装饰、装修和其他建筑业	7141968	1223266	1470133	975639	75342	612618

5-13 各行业建筑业企业利润及税金情况

单位：万元

行业	利润总额	#所得税费用	税金总额	主营业务税金及附加	应交增值税
总计	**84708145**	**15216876**	**70523640**	**15431329**	**55092311**
房屋建筑业	48101419	9136932	43454185	10182515	33271671
土木工程建筑业	29182210	4657414	18797339	3675153	15122187
铁路、道路、隧道和桥梁工程建筑	18390822	2847468	11041791	2211394	8830397
水利和水运工程建筑	4038299	655190	2797808	513592	2284216
海洋工程建筑	147112	10031	44910	6743	38167
工矿工程建筑	683665	234700	1039879	155591	884287
架线和管道工程建筑	1764208	414174	1544886	276652	1268233
建筑安装业	5387921	907308	4243053	861177	3381875
建筑装饰、装修和其他建筑业	2036595	515222	4029063	712485	3316578

5-14 各行业总承包和专业承包企业应收工程款及企业亏损情况

行业	应收工程款(万元)	企业个数(个)	#亏损企业个数	亏损企业的比重(%)
总　计	**605329663**	**128743**	**25874**	**20.1**
房屋建筑业	318279794	61200	11660	19.1
土木工程建筑业	204098239	35539	7160	20.1
铁路、道路、隧道和桥梁工程建筑	131384696	21532	4387	20.4
水利和水运工程建筑	23506151	3541	664	18.8
海洋工程建筑	711746	43	9	20.9
工矿工程建筑	10788930	947	179	18.9
架线和管道工程建筑	13571186	3577	713	19.9
建筑安装业	39917771	13769	2818	20.5
建筑装饰、装修和其他建筑业	43033859	18235	4236	23.2

5-15 各行业总承包和专业承包企业主要经济效益指标

行业	产值利润率(%)	产值利税率(%)	资本利润率(%)	资本利税率(%)	人均利润(元/人)	人均利税(元/人)	资产负债率(%)
总　计	**2.9**	**5.3**	**19.0**	**34.8**	**13676**	**25062**	**70.9**
房屋建筑业	2.7	5.1	21.5	40.9	11645	22164	70.9
土木工程建筑业	3.5	5.7	17.4	28.6	20887	34342	71.4
铁路、道路、隧道和桥梁工程建筑	3.2	5.2	17.0	27.3	19598	31365	73.3
水利和水运工程建筑	4.2	7.1	18.1	30.6	29144	49336	68.5
海洋工程建筑	14.8	19.3	19.9	25.9	159992	208834	47.5
工矿工程建筑	2.1	5.2	9.2	23.2	10577	26666	73.9
架线和管道工程建筑	3.1	5.7	15.7	29.4	15726	29498	70.9
建筑安装业	3.5	6.3	19.2	34.3	17211	30764	68.5
建筑装饰、装修和其他建筑业	1.4	4.2	7.8	23.2	5770	17185	69.1